名作註解 1

근대일본단편소설

김미경 編著

제이앤씨
Publishing Corporation

▌머리말▐

일본어 · 일본문학을 전공하는 학생이나 일본작가의 작품을 일본어로 읽고자 하는 사람을 위해 일본어 독해 교재용으로 이 책을 내게 되었다. 일본어 학습자의 독해능력을 배양하고 일본문학에 대한 소양을 기르는 데 이 책이 도움이 되기를 바라면서, 선정한 작품의 어려운 한자, 고유명사, 특수표현에는 한자읽기를, 설명이 필요한 어구나 사항 및 관용표현에는 주를 달아 어렵게 느껴지는 근대일본소설을 쉽게 접하고 쉽게 이해할 수 있도록 고려하였다.

이 책은 일본작가 8인의 작품 11편을 담고 있다. 동화작가 미야자와 겐지를 비롯하여 아쿠타가와 류노스케, 다자이 오사무, 시가 나오야, 이부세 마스지, 카지이 모토지로, 구니키다 돗포, 모리 오우가이의 작품 중 뛰어난 단편을 선정하여 이 책에 담았다. 읽는 사람의 흥미를 유발하고 골라 읽는 재미를 느낄 수 있도록 작가에 따라서는 2편의 작품을 선정하였다. 작품은 일본어 학습 정도에 따라 적절하게 활용할 수 있도록 난이도를 고려하여 배치하였으며, 작가 소개는 작가와 선정한 작품의 특징을 들어 기술하였다.

선정한 각각의 작품은 작가 개개인의 개성 및 특징을 부각하며 또한 일본근대문학사에서 비중 있게 논의되고 있는 작품들이다. 이 책이 근대일본소설에 대한 이해를 돕는 데 작은 보탬이 되기를 빌어본다.

2008년 2월
김 미 경

▮ 목 차 ▮

宮沢賢治《みやざわけんじ》

宮沢賢治(1896~1933)詩人。童話作家。岩手県生まれ。日蓮宗に傾倒し、農学校教師・農業技師として農民生活の向上に尽《つ》くすかたわら、詩と童話を書き、詩集「春と修羅《しゅら》」童話「風の又三郎《またさぶろう》」「銀河鉄道の夜」「注文の多い料理店」など珠玉《しゅぎょく》の作品を残した。彼の詩と童話は、仏教信仰と科学的教養に支えられた広大な宇宙感覚や無垢《むく》なヒューマニズムに彩《いろど》られて、特異な世界を創造している。東北地方の風土に根を下ろした土着性《どちゃくせい》や豊かな幻想性も彼の詩と童話に共通する特色である。

注文の多い料理店

二人の若い紳士が、すっかりイギリスの兵隊のかたちをして、ぴかぴかする鉄砲をかついで、白熊《しろくま》のような犬を二疋《ひき》つれて、だいぶ山奥の、木の葉のかさかさしたとこを、こんなことを云いながら、あるいておりました。

「ぜんたい《(いったい)》、ここらの山は怪《け》しからんね《(あやしいね。よくないね。)》。鳥も獣も一疋もいやがらん。なんでも構わないから、早くタンタアーンと、やって見たいもんだなあ。」

「鹿《しか》の黄いろな横《よこ》っ腹《ばら》なんぞに、二三発お見《み》舞《まい》もうしたら《(打撃をあたえたら)》、ずいぶん痛快だろうねえ。くるくるまわって、それからどたっと倒れるだろうねえ。」

それはだいぶ《(かなり)》の山奥でした。案内してきた専門の鉄砲《てっぽう》打《う》ち[1]も、ちょっと《(かなり)》まごついて、どこかへ行ってしまったくらいの山奥でした。

1）鉄砲を使って猟をすること。狩猟《しゅりょう》。また、狩猟家。

それに、あんまり山が物凄《ものすご》いので、その白熊のような犬が、二疋いっしょにめまいを起して、しばらく吠《うな》って、それから泡を吐いて死んでしまいました。

「じつにぼくは、二千四百円の損害だ」と一人の紳士が、その犬の眼《ま》ぶたを、ちょっと《(しばらく)》かえしてみて言いました。

「ぼくは二千八百円の損害だ。」と、もひとりが、くやしそうに、あたまをまげて言いました。

はじめの紳士は、すこし顔いろ[2]を悪くして、じっと、もひとりの紳士の、顔つき[3]を見ながら云いました。

「ぼくはもう戻ろうとおもう。」

「さあ、ぼくもちょうど寒くはなったし腹は空《す》いてきたし戻ろうとおもう。」

「そいじゃ、これで切りあげよう。なあに戻りに、昨日の宿屋で、山鳥を拾円も買って帰ればいい。」

「兎《うさぎ》もでていたねえ。そうすれば結局おんなじこった。では帰ろう

---

2) ①顔の色。血色。「—がすぐれない」②感情を表《あらわ》している顔つき。表情《ひょうじょう》。機嫌《きげん》。「上役《うわやく》の—をうかがう」「—を変《か》える」

3) ①顔の様子。顔だち。容貌《ようぼう》。②気持ちを表す顔のようす。表情。「物欲しげな—をする」

じゃないか。」

ところがどうも困ったことは、どっちへ行けば戻れるのか、いっこう見当《けんとう》(予想)がつかなくなっていました。

風がどうと吹いてきて、草はざわざわ、木の葉はかさかさ、木はごとんごとんと鳴りました。

「どうも腹が空いた。さっきから横っ腹が痛くてたまらないんだ。」

「ぼくもそうだ。もうあんまりあるきたくないな。」

「あるきたくないよ。ああ困ったなあ、何かたべたいなあ。」

「喰べたいもんだなあ。」

二人の紳士は、ざわざわ鳴るすすきの中で、こんなことを云いました。

その時ふとうしろを見ますと、立派な一軒の西洋造りの家がありました。

そして玄関には

RESTAURANT
西洋料理店
WILDCAT HOUSE
山　猫　軒

という札《ふだ》がでていました。

「君、ちょうどいい。ここはこれでなかなか開けて《(開花して)》るんだ。入ろうじゃないか。」

「おや、こんなとこにおかしいね。しかしとにかく何か食事ができるんだろう」

「もちろんできるさ。看板にそう書いてあるじゃないか」

「はいろうじゃないか。ぼくはもう何か喰べたくて倒れそうなんだ。」

二人は玄関に立ちました。玄関は白い瀬戸[4]の煉瓦《れんが》で組んで、実に立派なもんです。

そして硝子《がらす》の開き戸がたって、そこに金文字《きんもじ》[5]でこう書いてありました。

「どなたもどうかお入りください。決してご遠慮はありません」

二人はそこで、ひどくよろこんで言いました。

「こいつはどうだ、やっぱり世の中はうまくできてるねえ、きょ

---

4) ①瀬戸物《せともの》、瀬戸焼《せとやき》の略《りゃく》。②瀬戸焼《せとやき》：愛知県《あいちけん》瀬戸市およびその付近で作られる焼き物の総称《そうしょう》。

5) 金泥《きんでい》・金粉《きんぷん》・金箔《きんぱく》などで書いた金色《きんいろ》の文字。金字《きんじ》。

う一日なんぎ《(苦労)》したけれど、こんどはこんないいこともある。このうちは料理店だけれどもただでご馳走《ちそう》するんだぜ。」

「どうもそうらしい。決してご遠慮はありませんというのはその意味だ。」

二人は戸を押して、なかへ入りました。そこはすぐ廊下になっていました。その硝子戸の裏側には、金文字でこうなっていました。

「ことに肥《ふと》ったお方や若いお方は、大歓迎いたします」

二人は大歓迎というので、もう大よろこびです。

「君、ぼくらは大歓迎にあたっているのだ。」

「ぼくらは両方兼《か》ねてるから。」

ずんずん廊下を進んで行きますと、こんどは水いろ《(薄い青色)》のペンキ塗りの扉《と》がありました。

「どうも変な家《うち》だ。どうしてこんなにたくさん戸があるのだろう。」

「これはロシア式だ。寒いとこや山の中はみんなこうさ。」

そして二人はその扉をあけようとしますと、上に黄いろな字でこう書いてありました。

「当軒は注文の多い料理店ですからどうかそこはご承知《しょうち》ください」

「なかなかやってる《(繁昌している)》んだ。こんな山の中で。」

「それぁそうだ。見たまへ、東京の大きな料理屋だって大通りにはすくないだろう。」

二人は云いながら、その扉をあけました。するとその裏側に、

「注文はずいぶん多いでしょうがどうか一々こらえて《(がまんして、辛抱して)》下さい。」

「これはぜんたいどういうんだ。」ひとりの紳士は顔をしかめました。

「うん、これはきっと注文があまり多くて支度が手間《てま》取《ど》る《(時間がかかる)》けれどもごめん下さい[6]と斯《こ》ういうことだ。」

「そうだろう。早くどこか室《へや》の中にはいりたいもんだな。」

「そしてテーブルに座りたいもんだな。」

ところがどうもうるさいことは、また扉が一つありました。そしてそのわきに鏡がかかって、その下には長い柄《え》のついたブラシが置いてあったのです。

扉には赤い字で、

---

6) ①他家を訪《おとず》れて案内を乞《こ》うときの言葉。また、人と別れるときにも言う。②丁寧《ていねい》にわびるときの言葉。

「お客さまがた、ここで髪をきちんとして、それからはきものの泥《どろ》を落してください。」

と書いてありました。

「これはどうも尤《もっと》もだ。僕もさっき玄関で、山のなかだとおもって見くびったんだよ」

「作法《さほう》(エチケット、きまり、しきたり)の厳しい家だ。きっとよほど偉い人たちが、たびたび来るんだ。」

そこで二人は、きれいに髪をけずって、靴の泥を落しました。

そしたら、どうです。ブラシを板の上に置くや否や、そいつがぼうっと[7]かすんで無くなって、風がどうっと(どうと)[8]室の中に入ってきました。

二人はびっくりして、互によりそって、扉をがたんと開けて、次の室へ入って行きました。早く何か暖いものでもたべて、元気をつけて置かないと、もう途方《とほう》もない(とんでもない)ことになってしまうと、二人とも思ったのでした。

---

7) ①かすんで、ぼんやりしているさま。「霧《きり》で山が－しか見えない」②ぼんやりするさま。「－して何がなんだが分からなくなった」

8) 大きな重い物が落ちたり倒れたりして強く当たる音、また、物を強く当てる音や、そのさまを表す語。

扉の内側に、また変なことが書いてありました。

　　「鉄砲と弾丸《たま》をここへ置いてください。」

見るとすぐ横に黒い台がありました。

「なるほど、鉄砲を持ってものを食うという法はない。」

「いや、よほど偉いひとが始終来ているんだ。」

二人は鉄砲をはずし、帯皮《おびかわ (かわおび)》を解いて、それを台の上に置きました。

また黒い扉がありました。

　　「どうか帽子と外套《がいとう》と靴をおとり下さい。」

「どうだ、とるか。」

「仕方ない、とろう。たしかによっぽどえらいひとなんだ。奥に来ているのは。」

二人は帽子とオーバーコートを釘《くぎ》にかけ、靴をぬいでぺたぺたあるいて扉の中にはいりました。

扉の裏側には、

　　「ネクタイピン、カフスボタン、眼《め》鏡《がね》、財布、その他金物《かなもの》類《るい》、ことに尖《とが》ったものは、みんなここに置いてください」

と書いてありました。扉のすぐ横には黒塗りの立派な金庫も、ちゃんと[9]口を開けて置いてありました。鍵《かぎ》まで添えてあったのです。

「ははあ、何かの料理に電気をつかうと見えるね。金気《かなけ》のもの《(金物の類、金属製の器具)》はあぶない。ことに尖《とが》ったものはあぶないと斯《こ》う云うんだろう。」

「そうだろう。して見ると勘定《かんじょう》《(計算、代金)》は帰りにここで払うのだろうか。」

「どうもそうらしい。」

「そうだ。きっと。」

二人はめがねをはずしたり、カフスボタンをとったり、みんな金庫の中に入れて、ぱちんと錠《じょう》をかけました。

すこし行きますとまた扉《と》があって、その前に硝子《がらす》の壷《つぼ》が一つありました。扉には斯《こ》う書いてありました。

「壷のなかのクリームを顔や手足にすっかり塗ってください。」

みるとたしかに壷のなかのものは牛乳のクリームでした。

「クリームをぬれというのはどういうんだ。」

「これはね、外がひじょうに寒いだろう。室《へや》のなかがあんまり暖いとひび[10]がきれるから、その予防なんだ。どうも奥には、よほど

---

9) ①すばやく。さっと。②きまりよく。きちんと。しっかりと。たしかに。

えらいひとがきている。こんなとこで、案外ぼくらは、貴族とちかづきになるかも知れないよ。」

二人は壺のクリームを、顔に塗って手に塗ってそれから靴下をぬいで足に塗りました。それでもまだ残っていましたから、それは二人ともめいめい《(各自)》こっそり顔へ塗るふりをしながら喰べました。

それから大急ぎで扉をあけますと、その裏側には、

「クリームをよく塗りましたか、耳にもよく塗りましたか、」

と書いてあって、ちいさなクリームの壺がここにも置いてありました。

「そうそう、ぼくは耳には塗らなかった。あぶなく耳にひびを切らすとこだった。ここの主人はじつに用意周到だね。」

「ああ、細かいとこまでよく気がつくよ。ところでぼくは早く何か喰べたいんだが、どうも斯《こ》うどこまでも廊下じゃ仕方ないね。」

---

10) ①(「皸」と書く)手・足などの露出部が寒気におかされ、皮膚《ひふ》の表皮が乾燥《かんそう》して、小さい亀裂《きれつ》を生じたもの。
(手《て》の甲《こう》にひびが切れる。)
②(「罅」と書く)陶器《とうき》・大地《だいち》などの表面に出きる裂目《さけめ》。(硝子《がらす》のひび。)
③人間の肉体・精神あるいは人間相互《そうご》の感情において、完全な状態、健全な状態が保《たも》たれなくなること。
(友情にひびが入る。)

するとすぐその前に次の戸がありました。

「料理はもうすぐできます。

十五分とお待たせはいたしません。

すぐたべられます。

早くあなたの頭に瓶《びん》の中の香水をよく振りかけてください。」

そして戸の前には金ピカ[11]の香水の瓶が置いてありました。

二人はその香水を、頭へぱちゃぱちゃ[12]振りかけました。

ところがその香水は、どうも酢《す》のような匂《におい》がするのでした。

「この香水はへんに酢くさい。どうしたんだろう。」

「まちがえたんだ。下女《げじょ》が風邪《かぜ》でも引いてまちがえて入れたんだ。」

二人は扉をあけて中にはいりました。

扉の裏側には、大きな字で斯《こ》う書いてありました。

「いろいろ注文が多くてうるさかったでしょう。お気の毒で

---

11) ①金色にぴかぴかと光ること。また、そのもの。「―の衣装」
②派手《はで》に飾るさま。また、真新《まあ》しく、光り輝くように見えるさま。「―な(の)自転車」

12) 「ばちゃばちゃ」よりやや軽い音を表す語。水面を何度もたたいたり、水が物に勢いよく当たったりする音を表わす語。

した。もうこれだけです。どうかからだ中に、壷の中の塩をたくさんよくもみ込んでください。」

なるほど立派な青い瀬戸の塩壷は置いてありましたが、こんどというこんどは二人ともぎょっとしてお互にクリームをたくさん塗った顔を見合わせました。

「どうもおかしいぜ。」

「ぼくもおかしいとおもう。」

「沢山の注文というのは、向こうがこっちへ注文してるんだよ。」

「だからさ、西洋料理店というのは、ぼくの考えるところでは、西洋料理を、来た人にたべさせるのではなくて、来た人を西洋料理にして、食べてやる家《うち》とこういうことなんだ。これは、その、つ、つ、つ、つまり、ぼ、ぼ、ぼくらが……。」がたがたがたがた、ふるえだしてもうものが言えませんでした。

「その、ぼ、ぼくらが、……うわあ。」がたがたがたがたふるえだして、もうものが言えませんでした。

「遁《に》げ……。」がたがたしながら一人の紳士はうしろの戸を押そうとしましたが、どうです、戸はもう一分《いちぶ》[13]も動きませんでした。

---

13)（数または単位の名称《めいしょう》）⇒ぶ(分）。ごくわずかであることのたとえ。

奥の方にはまだ一枚扉があって、大きなかぎ穴が二つつき、銀いろのホークとナイフの形が切りだしてあって、

「いや、わざわざ[14]ご苦労です。

大へん結構にできました。

さあさあおなかにおはいりください。」

と書いてありました。おまけにかぎ穴からはきょろきょろ二つの青い眼玉《めだま》がこっちをのぞいています。

「うわあ。」がたがたがたがた。

「うわあ。」がたがたがたがた。

ふたりは泣き出しました。

すると戸の中では、こそこそこんなことを云っています。

「だめだよ。もう気がついたよ。塩をもみこまないようだよ。」

「あたりまえさ。親分の書きよう《(書き方)》がまずいんだ。あすこ《(あそこ)》へ、いろいろ注文が多くてうるさかったでしょう、お気の毒でしたなんて、間抜《まぬ》けたことを書いたもんだ。」

「—の隙(すき)も見せない」「—狂いがない」「一《いち》分一厘《ぶいちりん》」

14) ①その事だけのために、特に行うさま。特別に。「—出掛けなくても電話で済むことだ」②しなくてもよいことをことさらするさま。故意に。「御親切にも—忠告《ちゅうこく》に来る人がいる」

「どっちでもいいよ。どうせぼくらには、骨も分けて呉《く》れやしないんだ。」

「それはそうだ。けれどももしここへあいつらがはいって来なかったら、それはぼくらの責任だぜ。」

「呼ぼうか、呼ぼう。おい、お客さん方、早くいらっしゃい。いらっしゃい。いらっしゃい。お皿《さら》も洗ってありますし、菜《な》っ葉《ば》ももうよく塩でもんで置きました。あとはあなたがたと、菜っ葉をうまくとりあわせて《(ほどよく配合して)》、まっ白なお皿にのせる丈《だ》けです。はやくいらっしゃい。」

「へい、いらっしゃい、いらっしゃい。それともサラドはお嫌いですか。そんならこれから火を起してフライにしてあげましょうか。とにかくはやくいらっしゃい。」

二人はあんまり心を痛めた《(悩み苦しんだ)》ために、顔がまるでくしゃくしゃの紙屑《かみくず》のようになり、お互にその顔を見合わせ、ぶるぶるふるえ、声もなく泣きました。

中ではふっふっとわらってまた叫んでいます。

「いらっしゃい、いらっしゃい。そんなに泣いては折角《せっかく》のクリームが流れるじゃありませんか。へい、ただいま。じき《(すぐ)》もってまいります。さあ、早くいらっしゃい。」

「早くいらっしゃい。親方がもうナフキンをかけて、ナイフをもって、舌なめずりして、お客さま方を待っていられます。」

二人は泣いて泣いて泣いて泣いて泣きました。

そのときうしろからいきなり、

「わん、わん、ぐゎあ。」という声がして、あの白熊《しろくま》のような犬が二疋《ひき》、扉《と》をつきやぶって室《へや》の中に飛び込んできました。鍵穴《かぎあな》の眼玉はたちまちなくなり、犬どもはううとうなってしばらく室の中をくるくる廻っていましたが、また一声

「わん。」と高く吠《ほ》えて、いきなり次の扉に飛びつきました。戸はがたりとひらき、犬どもは吸い込まれるように飛んで行きました。

その扉の向こうのまっくらやみのなかで、

「にゃあお、くゎあ、ごろごろ。」という声がして、それからがさがさ鳴りました。

室はけむりのように消え、二人は寒さにぶるぶるふるえて、草の中に立っていました。

見ると、上着や靴や財布やネクタイピンは、あっちの枝にぶらさがったり、こっちの根もとにちらばったりしています。風がどう

と吹いてきて、草はざわざわ、木の葉はかさかさ、木はごとんごとんと鳴りました。

犬がふうとうなって戻ってきました。

そしてうしろからは、

「旦那《だんな》あ、旦那あ、」と叫ぶものがあります。

二人は俄《にわ》かに元気がついて

「おおい、おおい、ここだぞ、早く来い。」と叫びました。

蓑《みの》15)帽子《ぼうし》をかぶった専門の猟師《りょうし》が、草をざわざわ分けてやってきました。

そこで二人はやっと安心しました。

そして猟師のもってきた団子をたべ、途中で十円だけ山鳥を買って東京に帰りました。

しかし、さっき一ぺん紙くずのようになった二人の顔だけは、東京に帰っても、お湯にはいっても、もうもとのとおりになおりませんでした。

(一九二一年)

---

15) 茅《かや》・菅《すげ》などの茎《くき》や葉、また、わらなどを編んで作った雨具《あまぐ》。

芥川龍之介《あくたがわりゅうのすけ》

芥川龍之介(1892～1927) 小説家。東京生まれ。彼は、新現実派の中心的存在で、日本近代文学が生んだ最もすぐれた短編小説家である。洗練《せんれん》された技巧《ぎこう》と装飾的《そうしょくてき》な文体で、あるいは洒脱《しゃだつ》、あるいは鋭利《えいり》な人生批評を寓した短編を書き、とりわけ歴史的素材に近代的な心理的解釈を加えることで歴史小説に新しい領域を拓いた作家として知られる。『白樺《しらかば》』派とともに大正期の市民文学を代表し、晩年は懐疑《かいぎ》と不安に包まれた異常な心象風景で自己を捉えて自らの命を断った。その死は近代知識人の動揺と崩壊《ほうかい》を象徴する事件と目された。「羅生門《らしょうもん》」「鼻」「芋粥《いもがゆ》」「トロッコ」「地獄変《じごくへん》」「河童《かっぱ》」「歯車《はぐるま》」など才気あふれるさまざまな作風の短編小説がある。

羅生門

ある日の暮方の事である。一人の下人《げにん》が、羅生門《らしょうもん》[1]の下で雨やみを待っていた。

広い門の下には、この男のほかに誰もいない。ただ、所々丹塗《にぬり》(丹であかく塗ったもの)の剥げた、大きな円柱《まるばしら》に、蟋蟀《きりぎりす(こおろぎ)》が一匹とまっている。羅生門が、朱雀大路《すざくおおじ》[2]にある以上は、この男の外にも、雨やみをする市女笠《いちめがさ》[3]や揉烏帽子《もみえぼし》[4]が、もう二三人はありそうなものである。それが、この男の外には誰もいない。

---

1) 平城京《へいじょうきょう》・平安京《へいあんきょう》の都城の正門。朱雀大路《すざくおおじ》の南端に設けられ、北端の朱雀門《すざくもん》と相対した。平城京の羅城門《らじょうもん》跡は大和郡山市に、平安京のものは東寺の西方にある。

2) 平城京・平安京の中央を南北に走る大路。大内裏の南面の朱雀門から南端の羅城門に至る。

3) かぶり笠の一。菅《すげ》などで編み、中央に高く巾子形《こじがた》という突起を作った笠。市女が使用したのでこの名を生じたが、平安中期ごろには上流の女性の外出用となり、男子も雨天のときなどに用いた。

4) 薄く漆《うるし》を塗って柔らかにもんだ烏帽子《えぼし》。兜《かぶと》などの下に折り畳んで着用した。引立《ひきたて》烏帽子。梨《なし》打ち烏帽子。

何故かと云うと、この二三年、京都には、地震とか辻《つじ》風《かぜ》(つむじ風)とか火事とか饑《き》饉《きん》とか云う災《わざわい》がつづいて起った。そこで洛中《らくちゅう》(京都の市中)のさびれ方は一通りではない(尋常ではない。普通ではない。)。旧記によると(古い記録によると)、仏像や仏具を打砕いて、その丹《に》がついたり、金銀の箔《はく》がついたりした木を、路ばたにつみ重ねて、薪《たきぎ》の料《しろ》に売っていたと云う事である。洛中がその始末であるから、羅生門の修理などは、元より誰も捨てて顧る者がなかった。するとその荒れ果てたのをよい事にして、狐狸《こり》(きつねやたぬき)が棲む。盗人《ぬすびと》が棲《す》む。とうとうしまいには、引取り手のない死人を、この門へ持って来て、棄てて行くと云う習慣さえ出来た。そこで、日の目(太陽の光)が見えなくなると、誰でも気味を悪るがって、この門の近所へは足ぶみ(足を運ぶこと)をしない事になってしまったのである。

その代りまた鴉《からす》がどこからか、たくさん集って来た。昼間見ると、その鴉が、何羽となく輪を描いて、高い鴟尾《しび》[5]のまわりを啼きながら、飛びまわっている。ことに門の上の空が、夕焼けであかくなる時には、それが胡麻《ごま》をまいたようにはっきり見えた。鴉は、勿

---

5) 古代の宮殿や寺院の大棟の両端に据える、沓形《くつがた》の飾り瓦《かわら》。魚の尾をかたどったものといわれ、防火のまじないとした。後世の鬼瓦や鯱《しゃちほこ》はこれの変形。

論、門の上にある死人の肉を、啄《ついば》みに来るのである。—— もっとも今日は、刻《こく》限《げん》が遅い(時間が遅い)せいか、一羽も見えない。ただ、所々、崩れかかった、そうしてその崩れ目に長い草のはえた石段の上に、鴉の糞《ふん》が、点々と白くこびりついているのが見える。下人は七段ある石段の一番上の段に、洗いざらした紺《こん》の襖《あお》6)の尻を据えて、右の頬に出来た、大きな面皰《にきび》を気にしながら、ぼんやり、雨のふるのを眺めていた。

作者はさっき、「下人が雨やみを待っていた」と書いた。しかし、下人は雨がやんでも、格別どうしようと云う当てはない。ふだんなら、勿論、主人の家へ帰る可き筈である。所がその主人からは、四五日前に暇を出された(解雇された。)。前にも書いたように、当時京都の町は一通りならず衰微していた(衰退していた。)。今この下人が、永年、使われていた主人から、暇を出されたのも、実はこの衰微《すいび》の小さな余波にほかならない。だから「下人が雨やみを待っていた」と云うよりも「雨にふりこめられた下人が、行き所がなくて、途方《とほう》にくれていた(どうしていいかわからないで、困り切っていた。)」と云う方が、適当である。その上、今日の空模様も少からず、この平安朝の下人のSentimentalisme(感傷壁、感傷主義)に影響し

---

6) あわせの衣《ころも》。裏地《うらじ》をつけて仕立《した》てた着物。秋から春先にかけて用いる。

た。申《さる》の刻《こく》下《さ》がりから(午後四時過ぎから)ふり出した雨は、いまだに上るけしきがない。そこで、下人は、何をおいても差当り明日《あす》の暮しをどうにかしようとして――云わばどうにもならない事を、どうにかしようとして、とりとめもない考えをたどりながら、さっきから朱雀大路にふる雨の音を、聞くともなく聞いていたのである。

雨は、羅生門をつつんで、遠くから、ざあっと云う音をあつめて来る。夕闇は次第に空を低くして、見上げると、門の屋根が、斜につき出した甍《いらか》(瓦のやね)の先に、重たくうす暗い雲を支えている。

どうにもならない事を、どうにかするためには、手段を選んでいる遑《いとま》はない(ひまはない)。選んでいれば、築土《ついじ》[7]の下か、道ばたの土の上で、飢《うえ》死《じに》をするばかりである。そうして、この門の上へ持って来て、犬のように棄てられてしまうばかりである。選ばないとすれば――下人の考えは、何度も同じ道を低徊《ていかい》[8]した揚《あげ》句《く》に、やっとこの局所へ逢着した。しかしこの「すれば」は、いつまでたっても、結局「すれば」であった。下人は、手段を選ばないという事を肯定しながら

---

7) 柱を立て、板を芯として両側を土で塗り固め、屋根を瓦で葺《ふ》いた塀。古くは、土だけをつき固めた土塀《どべい》。

8) 立ち去りがたいようすで行ったり来たりすること。転じて、いろいろと考えめぐらすこと。

も、この「すれば」のかた《(しまつ)》をつけるために、当然、その後に来る可き「盗人《ぬすびと》になるよりほかに仕方がない」と云う事を、積極的に肯定するだけの、勇気が出ずにいたのである。

下人は、大きな嚔《くさめ》をして、それから、大儀《たいぎ》そうに《(面倒くさそうに)》立上った。夕冷えのする京都は、もう火桶《ひおけ》《(丸型の木製の火鉢)》が欲しいほどの寒さである。風は門の柱と柱との間を、夕闇と共に遠慮なく、吹きぬける。丹塗の柱にとまっていた蟋蟀《きりぎりす》も、もうどこかへ行ってしまった。

下人は、頸《くび》をちぢめながら、山吹《やまぶき》の汗衫《かざみ》《(黄色の汗取りの着物)》に重ねた、紺の襖《あお》の肩を高くして、門のまわりを見まわした。雨風の患《うれえ》のない、人目にかかる惧《おそれ》のない、一晩楽にねられそうな所があれば、そこでともかくも、夜を明かそうと思ったからである。すると、幸い門の上の楼へ上る、幅の広い、これも丹を塗った梯子《はしご》が眼についた。上なら、人がいたにしても、どうせ死人ばかりである。下人はそこで、腰にさげた聖柄《ひじりづか》[9]の太刀《たち》が鞘走《さやばし》らないように《(鞘から自然に抜け出ないように)》気をつけながら、藁草履《わらぞうり》をはいた足を、その梯子の一番下の段へふみかけた。

それから、何分かの後である。羅生門の楼の上へ出る、幅の広い梯子の中段に、一人の男が、猫のように身をちぢめて、息を殺

---

9) 鮫皮《さめがわ》を巻かない、木地《もじ》のままの柄《え》のついた刀。

しながら、上の容子《ようす》を窺《うかが》っていた。楼の上からさす火の光が、かすかに、その男の右の頬をぬらしている。短い鬚の中に、赤く膿《うみ》を持った面皰《にきび》のある頬である。下人は、始めから、この上にいる者は、死人ばかりだと高《たか》を括《くく》っていた(みくびっていた。)。それが、梯子を二三段上って見ると、上では誰か火をとぼして、しかもその火をそこここと、動かしているらしい。これは、その濁った、黄いろい光が、隅々に蜘蛛《くも》の巣をかけた天井裏に、揺れながら映ったので、すぐにそれと知れたのである。この雨の夜に、この羅生門の上で、火をともしているからは、どうせただの者ではない。

下人は、守宮《やもり》のように足音をぬすんで(足音をさせぬようにこっそりと)、やっと急な梯子を、一番上の段まで這うようにして上りつめた。そうして体を出来るだけ、平《たいら》にしながら、頚を出来るだけ、前へ出して、恐る恐る、楼の内を覗《のぞ》いて見た。

見ると、楼の内には、噂に聞いた通り、幾つかの死骸《しがい》が、無造《むぞう》作《さ》に棄ててあるが、火の光の及ぶ範囲が、思ったより狭いので、数は幾つともわからない。ただ、おぼろげながら、知れるのは、その中に裸の死骸と、着物を着た死骸とがあるという事である。勿論、中には女も男もまじっているらしい。そうして、その死骸は皆、それが、かつて、生きていた人間だと云う事実さえ疑われるほど、土を捏《こ》ねて造った人形のように、口を開《あ》いたり手を延ばしたりして、ごろごろ床の上にころがっていた。しかも、肩とか胸とかの高くなっている部分に、ぼんやりした火の光をうけて、低くなっている部分の影を一層暗くしながら、永久に唖《おし》の如く黙っていた。

下人《げにん》は、それらの死骸の腐爛《ふらん》した臭気に思わず、鼻を掩《おお》った。しかし、その手は、次の瞬間には、もう鼻を掩う事を忘れていた。ある強い感情が、ほとんどことごとくこの男の嗅覚を奪ってしまったからだ。

下人の眼は、その時、はじめてその死骸の中に蹲《うずくま》っている人間を見た。桧皮色《ひわだいろ》(赤黒い色)の着物を着た、背の低い、痩《や》せた、白髪頭《しらがあたま》の、猿のような老婆である。その老婆は、右の手に火をともした松の木片《きぎれ》を持って、その死骸の一つの顔を覗きこむように眺めていた。髪の毛の長い所を見ると、多分女の死骸であろう。

下人は、六分の恐怖と四分の好奇心とに動かされて、暫時《ざんじ》は呼吸《いき》をするのさえ忘れていた。旧記の記者の語を借りれば、「頭身《とうしん》の毛も太る[10]」ように感じたのである。すると、老婆は、松の木片を、床板の間に挿して、それから、今まで眺めていた死骸の首に両手をかけると、丁度、猿の親が猿の子の虱《しらみ》をとるように、その長い髪の毛を一本ずつ抜きはじめた。髪は手に従って抜けるらしい。

その髪の毛が、一本ずつ抜けるのに従って、下人の心からは、恐怖が少しずつ消えて行った。そうして、それと同時に、この老婆に対するはげしい憎悪が、少しずつ動いて来た。——いや、この老婆に対すると云っては、語弊《ごへい》があるかも知れない。むしろ、あらゆる悪に対する反感が、一分毎に強さを増して来たのである。この時、誰かがこの下人に、さっき門の下でこの男が考えていた、饑《うえ》死《じに》をするか盗人《ぬすびと》になるかと云う問題を、改めて持出したら、恐らく下人は、何の未練もなく、饑死を選んだ事であろう。それほど、この男の悪を憎む心は、老婆の床に挿した松の木片《きぎれ》のように、勢いよく燃え上り出していたのである。

下人には、勿論、何故老婆が死人の髪の毛を抜くかわからなかった。従って、合理的には、それを善悪のいずれに片づけてよ

---

10) 「今昔物語《こんじゃくものがたり》」巻二十四「人妻成悪霊除其害陰陽師語第二十」にある。毛穴が大きくなり、髪の毛が逆立つこと。

いか知らなかった。しかし下人にとっては、この雨の夜に、この羅生門の上で、死人の髪の毛を抜くと云う事が、それだけで既に許す可らざる悪であった。勿論、下人は、さっきまで自分が、盗人になる気でいた事なぞは、とうに忘れているのである。

そこで、下人は、両足に力を入れて、いきなり、梯子から上へ飛び上った。そうして聖柄《ひじりづか》の太刀に手をかけながら、大股に老婆の前へ歩みよった。老婆が驚いたのは云うまでもない。

老婆は、一目下人を見ると、まるで弩《いしゆみ》[11]にでも弾《はじ》かれたように、飛び上った。

「おのれ《(こいつ)》、どこへ行く。」

下人は、老婆が死骸につまずきながら、慌てふためいて逃げようとする行手を塞《ふさ》いで、こう罵《ののし》った。老婆は、それでも下人をつきのけて行こうとする。下人はまた、それを行かすまいとして、押しもどす。二人は死骸の中で、しばらく、無言のまま、つかみ合った。しかし勝敗は、はじめからわかっている。下人はとうと

11）古代中国で用いた武器の一。発射機構を備えた弓で、西洋のクロスボーは同種の武器。引き金を操作して矢や小石などを発射する。数人で扱うような大型のものもあった。

う、老婆の腕をつかんで、無理にそこへ扭《ね》じ倒した。丁度、鶏《にわとり》の脚のような、骨と皮ばかりの腕である。「何をしていた。云え。云わぬと、これだぞよ。」

下人は、老婆をつき放すと、いきなり、太刀の鞘《さや》を払って、白い鋼《はがね》の色を、その眼の前へつきつけた。けれども、老婆は黙っている。両手をわなわなふるわせて、肩で息を切りながら、眼を、眼《め》球《だま》が眶《まぶた》の外へ出そうになるほど、見開いて、唖のように執拗《しゅうね》く(執念ぶかく)黙っている。これを見ると、下人は始めて明白にこの老婆の生死が、全然、自分の意志に支配されていると云う事を意識した。そうしてこの意識は、今までけわしく燃えていた憎悪の心を、いつの間にか冷ましてしまった。後《あと》に残ったのは、ただ、ある仕事をして、それが円満に成就した時の、安らかな得意と満足とがあるばかりである。そこで、下人は、老婆を見下しながら、少し声を柔らげてこう云った。

「己《おれ》は検非違使《けびいし》[12]の庁の役人などではない。今し方この門の下

---

12) 平安初期に置かれた、令外の官の一。京中の非違《ひい》・非法《ひほう》を検察する役であったが、訴訟《そしょう》・裁判《さいばん》も扱うようになりその権威は強大になった。のちに、諸国や伊勢神宮《いせじんぐう》・鹿島神宮《かしまじんぐう》などにも置かれた。

を通りかかった旅の者だ。だからお前に縄《なわ》をかけて、どうしようと云うような事はない。ただ、今時分この門の上で、何をしていたのだか、それを己に話しさえすればいいのだ。」

すると、老婆は、見開いていた眼を、一層大きくして、じっとその下人の顔を見守った。眶《まぶた》の赤くなった、肉食鳥のような、鋭い眼で見たのである。それから、皺で、ほとんど、鼻と一つになった唇を、何か物でも噛んでいるように動かした。細い喉で、尖った喉仏《のどぼとけ》の動いているのが見える。その時、その喉から、鴉《からす》の啼くような声が、喘《あえ》ぎ喘ぎ、下人の耳へ伝わって来た。

「この髪を抜いてな、この髪を抜いてな、鬘《かずら》にしょうと思うたのじゃ。」

下人は、老婆の答が存外《(案外)》、平凡なのに失望した。そうして失望すると同時に、また前の憎悪が、冷やかな侮蔑《ぶべつ》と一しょに、心の中へはいって来た。すると、その気色《けしき》が、先方へも通じたのであろう。老婆は、片手に、まだ死骸の頭から奪った長い抜け毛を持ったなり、蟇《ひき (ひきがえる)》のつぶやくような声で、口ごもりながら、こんな事を云った。

「成程な、死人《しびと》の髪の毛を抜くと云う事は、何ぼう《(どんなに)》悪い事かも知れぬ。じゃが、ここにいる死人どもは、皆、そのくらいな事を、されてもいい人間ばかりだぞよ。現在、わしが今、髪を抜いた女などはな、蛇を四寸《しすん》ばかりずつに切って干したのを、干魚《ほしうお》だと云うて、太刀帯《たてわき》13)の陣へ売りに往《い》んだわ。疫病《えやみ》にかかって死ななんだら、今でも売りに往んでいた事であろ。それもよ、この女の売る干魚は、味がよいと云うて、太刀帯どもが、欠かさず菜料《さいりょう》に買っていたそうな。わしは、この女のした事が悪いとは思うていぬ。せねば、饑死をするのじゃて、仕方がなくした事であろ。されば、今また、わしのしていた事も悪い事とは思わぬぞよ。これとてもやはりせねば、饑死をするじゃて、仕方がなくする事じゃわいの。じゃて、その仕方がない事を、よく知っていたこの女は、大方わしのする事も大目に見てくれるであろ。」

老婆は、大体こんな意味の事を云った。

下人は、太刀を鞘《さや》におさめて、その太刀の柄《つか》を左の手でおさえながら、冷然として、この話を聞いていた。勿論、右の手では、赤く頬に膿を持った大きな面皰《にきび》を気にしながら、聞いているので

13) 古代、東宮坊《とうぐうぼう》に属し、帯刀して皇太子を護衛《ごえい》した武官。舎人《とねり》の中から武芸に優れた者を選んだ。たてわき。たちはきのとねり。

ある。しかし、これを聞いている中に、下人の心には、ある勇気が生まれて来た。それは、さっき門の下で、この男には欠けていた勇気である。そうして、またさっきこの門の上へ上って、この老婆を捕えた時の勇気とは、全然、反対な方向に動こうとする勇気である。下人は、饑死をするか盗人になるかに、迷わなかったばかりではない。その時のこの男の心もちから云えば、饑死などと云う事は、ほとんど、考える事さえ出来ない程、意識の外に追い出されていた。

「きっと、そうか。」

老婆の話が完《おわ》ると、下人は嘲《あざけ》るような声で念を押した。そうして、一足前へ出ると、不意に右の手を面皰《にきび》から離して、老婆の襟上《えりがみ》(くびの後の髪、襟もと)をつかみながら、噛みつくようにこう云った。

「では、己《おれ》が引剥《ひはぎ》(ひきはぎ。おいはぎ。)をしようと恨むまいな。己もそうしなければ、饑死をする体なのだ。」

下人は、すばやく、老婆の着物を剥ぎとった。それから、足にしがみつこうとする老婆を、手荒く死骸の上へ蹴倒した。梯子の口までは、僅に五歩を数えるばかりである。下人は、剥ぎとった桧皮色《ひわだいろ》の着物をわきにかかえて、またたく間に急な梯子を夜の底へかけ下りた。

しばらく、死んだように倒れていた老婆が、死骸の中から、その裸の体を起したのは、それから間もなくの事である。老婆はつぶやくような、うめくような声を立てながら、まだ燃えている火の光をたよりに、梯子の口まで、這って行った。そうして、そこから、短い白髪《しらが》を倒《さかさま》にして、門の下を覗きこんだ。外には、ただ、黒洞々《こくとうとう》たる夜があるばかりである。

下人の行方《ゆくえ》は、誰も知らない。

(一九一五年)

トロッコ

小田原熱海《おだわらあたみ》1)間に、軽便鉄道《けいべんてつどう》2)敷設《ふせつ》の工事が始まったのは、良平《りょうへい》の八つの年だった。良平は毎日村外《はず》れへ、その工事を見物に行った。工事を――といったところが、ただトロッコ3)で土を運搬する――それが面白さに見に行ったのである。

トロッコの上には土工が二人、土を積んだ後《うしろ》に佇《たたず》んでいる《(立っている。)》。トロッコは山を下《くだ》るのだから、人手を借りずに走って来る。煽《あお》るように車台が動いたり、土工の袢纏《はんてん》4)の裾《すそ》がひらついたり細い線路

1) 小田原《おだわら》：神奈川県《かながわけん》南西部の市。戦国時代は北条《ほうじょう》氏、江戸時代は大久保《おおくぼ》氏の城《じょう》下《か》町《まち》。また、東海道の旧宿場町《しゅくばまち》で、箱根《はこね》の東方の出入り口にあたる要所。箱根観光の基地。商工業が発達し、梅干《うめぼ》し・かまぼこを特産。
熱海《あたみ》：静岡県《しずおかけん》東部、相模湾《さがみわん》に面した市。古くからの温泉保養地・観光地。

2) 小型《こがた》の機関車・車両を使用する鉄道。一九一〇から一九年まで鉄道敷《ふ》設《せつ》法によらないで建設した鉄道。

3)〔truck の転〕レールの上を走らせる土木工事用の手押し車。

4) 羽織《はおり》に似た、丈《たけ》の短い上着。わきに襠《まち》がなく、胸紐《むなひも》をつけず、襟《えり》は折り

がしなったり《(柔らかにまがったり)》── 良平はそんなけしきを眺《なが》めながら、土工になりたいと思う事がある。せめては一度でも土工と一しょに、トロッコへ乗りたいと思う事もある。トロッコは村外れの平地へ来ると、自然とそこに止《と》まってしまう。と同時に土工たちは、身軽にトロッコを飛び降りるが早いか、その線路の終点へ車の土をぶちまける。それから今度はトロッコを押し押し、もと来た山の方へ登り始める。良平はその時乗れないまでも、押す事さえ出来たらと思うのである。

ある夕方、── それは二月の初旬だった。良平は二つ下の弟や、弟と同じ年の隣の子供と、トロッコの置いてある村外れへ行った。トロッコは泥《どろ》だらけになったまま、薄明《うすあか》るい中に並んでいる。が、そのほかはどこを見ても、土工たちの姿は見えなかった。三人の子供は恐る恐る、一番端《はし》にあるトロッコを押した。トロッコは三人の力が揃《そろ》うと、突然ごろりと車輪をまわした。良平はこの音にひやりとした。しかし二度目の車輪の音は、もう彼を驚かさなかった。ごろり、ごろり、──トロッコはそう云う音と共に、三人の手に押されながら、そろそろ線路を登って行った。

返さないで着る。

その内にかれこれ十間ほど来ると、線路の勾配《こうばい》が急になり出した。トロッコも三人の力では、いくら押しても動かなくなった。どうかすれば車と一しょに、押し戻《もど》されそうにもなる事がある。良平はもう好《い》いと思ったから、年下の二人に合図《あいず》をした。

「さあ、乗ろう！」

彼等は一度に手をはなすと、トロッコの上へ飛び乗った。トロッコは最初徐《おもむ》ろに、それから見る見る勢いよく、一息《ひといき》に線路を下《くだ》り出した。その途端《とたん》につき当りの風景は、たちまち両側《りょうがわ》へ分かれるように、ずんずん目の前へ展開して来る。―― 良平は顔に吹きつける日の暮《(日暮れ)》の風を感じながらほとんど有頂天《うちょうてん》5)しまった。

しかしトロッコは二三分の後《のち》、もうもとの終点に止まっていた。

「さあ、もう一度押すじゃあ。」

良平は年下の二人と一しょに、またトロッコを押し上げにかかった。が、まだ車輪も動かない内に、突然彼等の後《うしろ》には、誰かの足音が聞え出した。のみならずそれは聞え出したと思うと、急にこう云う怒鳴《どな》り声に変った。

「この野郎《やろう》！誰に断って《(了解を求めて)》トロに触《さわ》った？」

---

5) 喜びで気分が舞い上がっていること。

そこには印袢纏《しるしばんてん》[6]に、季節外《はず》れの麦藁帽《むぎわらぼう》をかぶった、背の高い土工が佇《たたず》んでいる。—— そう云う姿が目にはいった時、良平は年下の二人と一しょに、もう五六間逃げ出していた。—— それぎり良平は使の帰りに、人気《ひとけ》のない工事場《こうじば》のトロッコを見ても、二度と乗って見ようと思った事はない。ただその時の土工の姿は、今でも良平の頭のどこかに、はっきりした記憶を残している。薄明りの中に仄《ほの》めいた、小さい黄色の麦藁帽、—— しかしその記憶さえも、年毎に色彩は薄れるらしい。

その後《のち》十日余りたってから、良平はまたたった一人、午《ひる》過ぎの工事場に佇みながら、トロッコの来るのを眺めていた。すると土を積んだトロッコのほかに、枕木《まくらぎ》[7]を積んだトロッコが一輛《りょう》、これは本線になる筈《はず》の、太い線路を登って来た。このトロッコを押しているのは、二人とも若い男だった。良平は彼等を見た時から、何だか親しみ易《やす》いような気がした。「この人たちならば叱《しか》られない。」—— 彼はそう思いながら、トロッコの側《そば》へ駈《か》けて行った。

---

6) 襟《えり》や背などに屋号《やごう》・家紋《かもん》などを染め抜いた半纏。主に職人や商家の使用人が着用する。

7) 鉄道線路の下に横に並べて敷く角柱《かくちゅう》状の材。レールの幅を一定に保ち、レールにかかる荷重《かじゅう》を道床内に分散させる。

「おじさん。押してやろうか？」

その中の一人、——縞《しま》のシャツを着ている男は、俯向《うつむ》きにトロッコを押したまま、思った通り快《こころよ》い返事をした。

「おお、押してくよう《(くれよ)》。」

良平は二人の間にはいると、力一杯押し始めた。

「われ《(おまえ)》は中々力があるな。」

他《た》の一人、——耳に巻煙草《まきたばこ》を挟《はさ》んだ男も、こう良平を褒《ほ》めてくれた。

その内に線路の勾配《こうばい》は、だんだん楽になり始めた。「もう押さなくとも好《い》い。」——良平は今にも云われるかと内心気がかりでならなかった。が、若い二人の土工は、前よりも腰を起したぎり、黙々と車を押し続けていた。良平はとうとうこらえ切れずに怯《お》ず怯《お》ずこんな事を尋ねて見た。

「いつまでも押していて好《い》い？」

「好《い》いとも。」

二人は同時に返事をした。良平は「優しい人たちだ。」と思った。

五六町余り押し続けたら、線路はもう一度急勾配《きゅうこうばい》になった。そこには両側の蜜柑畑《みかんばたけ》に、黄色い実がいくつも《(たくさん)》日を受けている。

「登り路の方が好《い》い、いつまでも押させてくれるから。」—— 良平はそんな事を考えながら、全身でトロッコを押すようにした。

蜜柑畑の間《あいだ》を登りつめると、急に線路は下《くだ》りになった。縞のシャツを着ている男は、良平に「やい、乗れ」と云った。良平は直《すぐ》に飛び乗った。トロッコは三人が乗り移ると同時に、蜜柑畑の匂《におい》を煽《あお》りながら、ひた辷《すべ》りに線路を走り出した。「押すよりも乗る方がずっと好《い》い。」—— 良平は羽織に風を孕《はら》ませながら、当り前の事を考えた。「行きに押す所が多ければ、帰りにまた乗る所が多い」—— そうもまた考えたりした。

竹藪《たけやぶ》のある所へ来ると、トロッコは静かに走るのを止《や》めた。三人はまた前のように、重いトロッコを押《おし》始めた。竹藪はいつか雑《ぞう》木林《きばやし》になった。爪先上り《つまさきあが》り8)の所々《ところどころ》には、赤錆《あかさび》の線路も見えないほど、落葉のたまっている場所もあった。その路をやっと登り切ったら、今度は高い崖《がけ》の向うに、広々《ひろびろ》と薄《うす》ら寒い(何となく寒い)海が開けた。と同時に良平の頭には、余り遠く来過ぎた事が、急にはっきりと感じられた。

三人はまたトロッコへ乗った。車は海を右にしながら、雑木《ぞうき》の

---

8) 少しずつ登りになっていること。

枝の下を走って行った。しかし良平はさっきのように、面白い気もちにはなれなかった。「もう帰ってくれれば好《い》い。」―― 彼はそうも念じて見た。が、行く所まで行きつかなければ、トロッコも彼等も帰れない事は、勿論《もちろん》彼にもわかり切っていた。

その次に車の止まったのは、切崩《きりくず》した山《やま》を背負っている、藁屋根の茶店《ちゃみせ》[9]の前だった。二人の土工はその店へはいると、乳呑児《ちのみご》をおぶった上《かみ》さんを相手に、悠々と茶などを飲み始めた。良平は独りいらいらしながら、トロッコのまわりをまわって見た。トロッコには頑丈《がんじょう》な車台の板に、跳《は》ねかえった泥が乾いていた。

しばらくの後《のち》茶店を出て来しなに《(出てきがけに、出てくるとき)》、巻煙草を耳に挟《はさ》んだ男は、(その時はもう挟んでいなかったが)トロッコの側にいる良平に新聞紙《しんぶんがみ》に包んだ駄菓子《だがし》をくれた。良平は冷淡に「難有《ありがと》う」と云った。が、直《すぐ》に冷淡にしては、相手にすまないと思い直した。彼はその冷淡さを取り繕《つくろ》うように、包み菓子の一つを口へ入れた。菓子には新聞紙にあったらしい、石油の匂《におい》がしみついていた。

三人はトロッコを押しながら緩《ゆる》い傾斜を登って行った。良平は車に手をかけていても、心はほかの事を考えていた。

---

9) 「喫茶店《きっさてん》」を俗に略していう語。

その坂を向うへ下《お》り切ると、また同じような茶店があった。土工たちがその中へはいった後《あと》、良平はトロッコに腰をかけながら、帰る事ばかり気にしていた。茶店の前には花のさいた梅《うめ》に、西日の光が消えかかっている。「もう日が暮れる。」―― 彼はそう考えると、ぼんやり腰かけてもいられなかった。トロッコの車輪を蹴《け》って見たり、一人では動かないのを承知しながらうんうんそれを押して見たり、―― そんな事に気もちを紛《まぎ》らせていた。

ところが土工たちは出て来ると、車の上の枕木《まくらぎ》に手をかけながら、無造作《むぞうさ》に彼にこう云った。

「われはもう帰んな。おれたちは今日は向う泊《どま》りだから。」

「あんまり帰りが遅くなるとわれの家《うち》でも心配するずら(心配するだろう。)。」

良平は一瞬間呆気《あっけ》にとられた(驚きあきれた、呆然となった。)。もうかれこれ暗くなる事、去年の暮母と岩村《いわむら》10)まで来たが、今日の途《みち》はその三四倍《さんよばい》ある事、それを今からたった一人、歩いて帰らなければならない事、―― そう云う事が一時にわかったのである。良平はほとんど泣きそうになった。が、泣いても仕方がないと思った。泣いている場合ではないとも思った。彼は若い二人の土工に、取って附けたような(無理りに付け加わえたような、不自然な。)御《お》

10) 神奈川県《かながわけん》足柄下郡《あしがらしもぐん》にある地名。

辞儀《じぎ》をすると、どんどん線路伝いに走り出した。

良平はしばらく無我夢中に線路の側を走り続けた。その内に懐《ふところ》の菓子包みが、邪魔《じゃま》になる事に気がついたから、それを路側《みちばた》へ抛《ほう》り出す次手《ついで》に、板草履《いたぞうり》[11]もそこへ脱ぎ捨ててしまった。すると薄い足袋《たび》の裏へじかに小石が食いこんだが、足だけは遥《はる》かに軽くなった。彼は左に海を感じながら、急な坂道《さかみち》を駈け登った。時々涙がこみ上げて来ると、自然に顔が歪《ゆが》んで来る。—— それは無理に我慢《がまん》しても、鼻だけは絶えずくうくう鳴った。

竹藪の側を駈け抜けると、夕焼けのした日金山《ひがねやま》[12]の空も、もう火照《ほて》りが消えかかっていた。良平は、いよいよ気が気でなかった。往《ゆ》きと返《かえ》りと変るせいか、景色の違うのも不安だった。すると今度は着物までも、汗の濡《ぬ》れ通ったのが気になったから、やはり必死に駈け続けたなり、羽織を路側《みちばた》へ脱《ぬ》いで捨てた。

蜜柑畑へ来る頃には、あたりは暗くなる一方だった。「命さえ助かれば ——」良平はそう思いながら、辷《すべ》ってもつまずいても走っ

---

11) 裏《うら》に、麻の代わりに板片を取り付けた草履《ぞうり》。
12) 静岡県《しずおかけん》の十国峠《じっこくとうげ》の別称《べっしょう》。静岡県熱海《あたみ》市と函南《かんなみ》町の境《さかい》にある峠。海抜《かいばつ》774m。十国を一望できることからつけられた名で、眺望《ちょうぼう》がよい。

て行った。

やっと遠い夕闇の中に、村外《むらはず》れの工事場が見えた時、良平は一思いに《(思い切って)》泣きたくなった。しかしその時もべそはかいたが《(顔をしかめて泣きそうになったが)》、とうとう泣かずに駈け続けた。

彼の村へはいって見ると、もう両側《りょうがわ》の家々には、電灯の光がさし合っていた。良平はその電灯の光に頭から汗の湯気《ゆげ》の立つのが、彼自身にもはっきりわかった。井戸端《いどばた》に水を汲《く》んでいる女衆《おんなしゅう》や、畑から帰って来る男衆《おとこしゅう》は、良平が喘《あえ》ぎ喘《あえ》ぎ《(せわしく息をしながら)》走るのを見ては、「おいどうしたね？」などと声をかけた。が、彼は無言のまま、雑《ざっ》貨《か》屋《や》だの床屋《とこや》だの、明るい家の前を走り過ぎた。

彼の家《うち》の門口《かどぐち》へ駈けこんだ時、良平はとうとう大声に、わっと泣き出さずにはいられなかった。その泣き声は彼の周囲《まわり》へ、一時に父や母を集まらせた。殊《こと》に母は何とか云いながら、良平の体を抱《かか》えるようにした。が、良平は手足をもがきながら、啜《すす》り上げ啜り上げ泣き続けた。その声が余り激しかったせいか、近所の女衆も三四人、薄暗い門口へ集って来た。父母は勿論その人たちは、口々に彼の泣く訣《わけ》を尋《たず》ねた。しかし彼は何と云われても泣き立てる《(泣きわめく)》よりほかに仕方がなかった。あの遠い路を駈け通して《(駈け続けて)》

来た、今までの心細さをふり返ると、いくら大声に泣き続けても、足りない気もちに迫られながら、……

良平は二十六の年、妻子《さいし》と一しょに東京へ出て来た。今ではある雑誌社の二階に、校正《こうせい》の朱筆《しゅふで》13)を握っている。が、彼はどうかすると、全然何の理由もないのに、その時の彼を思い出す事がある。全然何の理由もないのに？——塵労《じんろう》14)に疲れた彼の前には今でもやはりその時のように、薄暗い籔や坂のある路が、細々《ほそぼそ》と一すじ断続している。

(一九二二年)

---

13) 朱墨《しゅずみ》で書き入れや修正などをするのに使う筆。朱筆《しゅひつ》。

14) 俗世間での苦労。

太宰《だざい》 治《おさむ》

太宰治(1909～1948)小説家。青森県生まれ。津軽《つがる》屈指《くっし》の大地主の子に生まれたことが、彼の生涯と文学に大きな影響を与えた。学生時代左翼《さよく》運動に従事して検挙《けんきょ》され、転向後、文学に専念する。井伏鱒二《いぶせますじ》に師事。聖書の研究に努め、「走れメロス」など人間信頼《しんらい》の姿を描いた作品も生れた。が、自己破壊的《はかいてき》な芸術意識と卓抜《たくばつ》な小説技法で、自尊《じそん》と自嘲《じちょう》を描き、戦後は破滅的《はめつてき》傾向を強く見せ、「斜陽《しゃよう》」「人間失格」など自虐的《じぎゃくてき》、反俗的《はんぞくてき》な作品を多く発表し、昭和の知識人の不安と苦悩《くのう》を捉えた。精神と肉体との行きづまりから玉川上水で自殺を遂《と》げた。

満願

これは、いまから、四年まえの話である。私が伊豆《いず》1)の三島《みしま》2)の知り合いのうちの二階で一夏を暮し、ロマネスクという小説を書いていたころの話である。ある夜、酔《よ》いながら自転車に乗りまちを走って、怪我《けが》をした。右足のくるぶしの上のほうを裂《さ》いた。疵《きず》は深いものではなかったが、それでも酒をのんでいたために、出血がたいへんで、あわてておお医者に駈《か》けつけた。まち医者は三十二才の、大きくふとり、西郷隆盛《さいごうたかもり》3)に似ていた。たいへん酔っていた。私と同じくらいにふらふら酔って診察室に現われたので、私

---

1) 旧国名の一。静岡県《しずおかけん》の伊豆半島および東京都の伊豆諸島にあたる。豆州《ずしゅう》。

2) 静岡県東部の市。古くは伊豆国の国府《こくふ》・国分寺《こくぶんじ》の所在地、江戸時代は東海道の宿場町《しゅくばまち》として繁栄。三嶋大社《みしまたいしゃ》がある。富士《ふじ》・箱根《はこね》・伊豆観光の玄関口。

3) 幕末《ばくまつ》・維新期《いしんき》の政治家。薩摩藩士《さつまはんし》、薩摩藩の指導者になり幕府《ばくふ》を倒す。戊辰《ぼしん》戦争では江戸城の無血開城を実現。新政府の陸軍大将。参議をつとめるが、征韓論《せいかんろん》政変で下野《げや》。帰郷して私学校を設立。1877年の西南《せいなん》戦争に敗れて自刃《じじん》した。(1827～1877)

は、おかしかった。治療《ちりょう》を受けながら、私がくすくす笑ってしまった。するとお医者もくすくす笑い出し、とうとうたまりかねて、ふたり声を合せて大笑いした。

その夜から私たちは仲良くなった。お医者は、文学よりも哲学《てつがく》を好んだ。私もそのほうを語るのが、気が楽で、話がはずんだ(話が調子づいた。)。お医者の世界観は、原始《げんし》二原論《にげんろん》[4]ともいうべきもので、世の中の有様をすべて善玉悪玉《ぜんだまあくだま》(善人、悪人)の合戦と見て、なかなか歯切《はぎ》れがよかった(しゃべり方の調子がよかった。)。私は愛という単一神《たんいつしん》を信じたく内心つとめて(努力して)いたのであるが、それでもお医者の善玉悪玉の説を聞くと、うっとうしい胸のうちが、一味爽涼《いちみそうりょう》[5]を覚えるのだ。たとえば、宵《よい》の私の訪問をもてなすのに、ただちに奥《おく》さんにビールを命ずるお医者自身は善玉であり、今宵《こよい》はビールでなくブリッジ(トランプ遊戯《ゆうぎ》の一種)いたしましょう、と笑いながら提議《ていぎ》する奥さんこそは悪玉である、というお医者の例証には、私も素直に賛成した。奥さんは、小がらの、おた

---

4) ①原始：物事のはじめ。または、自然のままで変化しないこと。②二元論：ある対象の考察にあたって二つの根本原理をもって説明する考え方。

5) ①一味：独特の味わいがあること。どことなく趣が感じられること。「一の涼風」②爽涼：気候のさわやかで涼しいこと。外気がさわやかで、涼しく感じること。また、そのさま。

ふくがお[6]であったが、色が白く上品《じょうひん》であった。子供はなかったが、奥さんの弟で沼津《ぬまづ》[7]の商業学校にかよっているおとなしい少年がひとり、二階にいた。

お医者の家では、五種類の新聞をとっていたので、私はそれを読ませてもらいにほとんど毎朝、散歩の途中《とちゅう》に立ち寄って、三十分か一時間お邪魔《じゃま》した。裏口《うらぐち》(台所の出入口)からまわって、座敷《ざしき》の縁側《えんがわ》に腰《こし》をかけ、奥さんの持って来る冷い麦茶《むぎちゃ》を飲みながら、風に吹《ふ》かれてぱらぱら騒《さわ》ぐ新聞を片手《かたて》でしっかり押《おさ》えつけて読むのであるが、縁側から二間《にけん》[8]離れていない、青草原《あおそうげん》のあいだを水量たっぷりの小《お》川《がわ》がゆるゆる流れていて、その小川に沿った細い道を自転車で通る牛乳配達の青年が、毎朝きまって、おはようございます、と旅の私に挨拶《あいさつ》した。その時刻に、薬をとりに来る若い女のひとがあった、簡単服[9]に下駄《げた》をはき、清潔《せいけつ》な感じのひとで、よくお医者と診察室で笑い合っていて、ときたまお医者が、玄関までそのひとを見送り、

6) 丸顔《まるがお》で、額《ひたい》が高く、頬《ほお》がふくれ、鼻の低い女の顔。
7) 静岡県《しずおかけん》東部、駿河《するが》湾頭《わんとう》の商工業都市。
8) 間は長さの単位。一間は六尺《ろくしゃく》(約1.818m)
9) 夏に用いる簡単なワンピース仕立の婦人服。

「奥さま、もうすこしのご辛棒《しんぼう》ですよ。」と大声で叱咤《しった》することがある。

お医者の奥さんが、あるとき私に、そのわけを語って聞かせた。小学校の先生の奥さまで、先生は、三年まえに肺をわるくし、このごろずんずんよくなった。お医者は一所懸命《いっしょけんめい》で、その若い奥《おく》さまに、いまがだいじのところと、固く禁《きん》じた。奥さまは言いつけを守った。それでも、ときどき、なんだか、ふびんに《(かわいそうに)》伺《うかが》うことがある。お医者は、その都度《つど》、心を鬼《おに》にして[10]、奥さまもうすこしのご辛棒《しんぼう》ですよ、と言外《げんがい》《(言葉に出さないところ)》に意味をふくめて叱咤《しった》するのだそうである。

八月のおわり、私は美しいものを見た。朝、お医者の家の縁側《えんがわ》で新聞を読んでいると、私の傍に横座りに座っていた奥さんが、

「ああ、うれしそうね。」と小声でそっと囁《ささや》いた。

ふと顔をあげると、すぐ目のまえの小道を、簡単服を着た清潔な姿が、さっさっと飛ぶようにして歩いていった。白いパラソルをくるくるっとまわした。

---

10) かわいそうだと思いながら、厳しい態度をとって。「子供の将来のために—してしかる。」

「けさ、おゆるしが出たのよ。」奥さんは、また、囁く。

三年、と一口にいっても《(手短にいっても)》、─胸が一ぱいになった。年つき経《た》つほど、私には、あの女性の姿が美しく思われる。あれは、お医者の奥さんのさしがね《(操縦。そそのかし。)》かも知れない。

(一九三八年)

走れメロス

メロスは激怒《げきど》した。必ず、かの邪知暴虐《じゃちぼうぎゃく》な王を除かなければならぬと決意した。メロスには政治がわからぬ。メロスは、村の牧人《ぼくじん》である。笛《ふえ》を吹き、羊と遊んで暮して来た。けれども邪悪《じゃあく》に対しては、人一倍に敏感《びんかん》であった。きょう未明メロスは村を出発し、野を越え山越え、十里はなれた此《こ》のシラクスの市にやって来た。メロスには父も、母も無い。女房も無い。十六の、内気《うちき》1)な妹と二人暮しだ。この妹は、村の或《あ》る律儀《りちぎ》2)な一牧人を、近々、花婿《はなむこ》として迎《むか》える事になっていた。結婚式も間近かなのである。メロスは、それゆえ、花嫁《はなよめ》の衣裳《いしょう》やら祝宴《しゅくえん》の御馳走《ごちそう》やらを買いに、はるばる市にやって来たのだ。先《ま》ず、その品々を買い集め、それから都の大路《おおじ》をぶらぶら歩いた。メロスには竹馬の友《ちくばのとも》3)があった。セリ

1) 引っこみがちな気質。

2) 義理がたいこと。

3) ともに竹馬にのって遊んだ幼い時の友。

ヌンティウスである。今は此《こ》のシラクスの市で、石工《いしく》をしている。その友を、これから訪ねてみるつもりなのだ。久しく会わなかったのだから、訪ねて行くのが楽しみである。歩いているうちにメロスは、まちの様子を怪《あや》しく思った。ひっそりしている。もう既《すで》に日も落ちて、まちの暗いのは当りまえだが、けれども、なんだか、夜のせいばかりでは無く、市全体が、やけに《(やたらに)》寂《さび》しい。のんきなメロスも、だんだん不安になって来た。路で会った若い衆《しゅう》をつかまえて、何かあったのか、二年まえに此の市に来たときは、夜でも皆が歌をうたって、まちは賑《にぎ》やかであった筈《はず》だが、と質問した。若い衆は、首を振って答えなかった。しばらく歩いて老爺《ろうや》に会い、こんどはもっと、語勢《ごせい》《(語調)》を強くして質問した。老爺は答えなかった。メロスは両手で老爺のからだをゆすぶって質問を重ねた。老爺は、あたりをはばかる《(恐れつつしむ。)》低声で、わずか答えた。

「王様は、人を殺します。」

「なぜ殺すのだ。」

「悪心を抱《いだ》いている、というのですが、誰もそんな、悪心を持っては居りませぬ。」

「たくさんの人を殺したのか。」

「はい、はじめは王様の妹婿さまを。それから、御自身のお世嗣《よつぎ》4)を。それから、妹さまを。それから、妹さまの御子さまを。それから、皇后《こうごう》さまを。それから、賢臣《けんしん》のアレキス様を。」

「おどろいた。国王は乱心か。」

「いいえ、乱心ではございませぬ。人を、信ずる事が出来ぬ、というのです。このごろは、臣下《しんか》の心をも、お疑いになり、少しく派手な暮しをしている者には、人質《ひとじち》ひとりずつ差し出すことを命じて居ります。御命令を拒《こば》めば十字架《じゅうじか》にかけられて、殺されます。きょうは、六人殺されました。」

聞いて、メロスは激怒した。「呆《あき》れた王だ。生かして置けぬ。」

メロスは、単純な男であった。買い物を、背負ったままで、のそのそ王城にはいって行った。たちまち彼は、巡邏《じゅんら》5)の警吏《けいり》6)に捕縛《ほばく》された。調べられて、メロスの懐中《かいちゅう》からは短剣が出て来たので、騒ぎが大きくなってしまった。メロスは、王の前に引き出された。

---

4) 王位を受けつぐ王子。

5) 巡回《じゅんかい》して警備《けいび》すること。

6) 警察官《けいさつかん》。

「この短刀で何をするつもりであったか。言え！」暴君ディオニスは静かに、けれども威厳《いげん》を以《もっ》て問いつめた。その王の顔は蒼白《そうはく》で、眉間《みけん》の皺《しわ》は、刻み込まれたように深かった。

「市を暴君の手から救うのだ。」とメロスは悪びれずに(気おくれして卑屈な様子をしないで)答えた。」

「おまえがか？」王は、憫笑《びんしょう》[7]した。「仕方の無いやつじゃ。おまえには、わしの孤独《こどく》がわからぬ。」

「言うな！」とメロスは、いきり立って反駁《はんばく》した。「人の心を疑うのは、最も恥《は》ずべき悪徳だ。王は、民の忠誠《ちゅうせい》をさえ疑って居られる。」

「疑うのが、正当の心構えなのだと、わしに教えてくれたのは、おまえたちだ。人の心は、あてにならない。人間は、もともと私欲《しよく》のかたまりさ。信じては、ならぬ。」暴君は落着いて呟《つぶや》き、ほっと溜息《ためいき》をついた。「わしだって、平和を望んでいるのだが。」

「なんの為の平和だ。自分の地位を守る為か。」こんどはメロスが嘲笑《ちょうしょう》した。「罪の無い人を殺して、何が平和だ。」

「だまれ、下賤《げせん》の者。」王は、さっと顔を挙《あ》げて報《むく》いた。「口では、どんな清らかな事でも言える。わしには、人の腹綿《はらわた》[8]の奥底が

---

7) あわれみ笑うこと。

見え透《す》いてならぬ。おまえだって、いまに、磔《はりつけ》9)になってから、泣いて詫《わ》びたって聞かぬぞ。」

「ああ、王は悧巧《りこう》だ。自惚《うぬぼ》れているがよい。私は、ちゃんと死ぬる覚悟で居るのに。命乞《いのちご》いなど決してしない。ただ、――」と言いかけて、メロスは足もとに視線を落し瞬時《しゅんじ》ためらい、「ただ、私に情をかけたいつもりなら、処刑《しょけい》までに三日間の日限《にちげん》《(期日)》を与えて下さい。たった一人の妹に、亭主《ていしゅ》《(おっと)》を持たせてやりたいのです。三日のうちに、私は村で結婚式を挙げさせ、必ず、ここへ帰って来ます。」

「ばかな。」と暴君は、嗄《しわが》れた声で低く笑った。「とんでもない嘘《うそ》を言うわい《(言うんだね)》。逃がした小鳥が帰って来るというのか。」

「そうです。帰って来るのです。」メロスは必死で言い張った。「私は約束を守ります。私を、三日間だけ許して下さい。妹が、私の帰りを待っているのだ。そんなに私を信じられないならば、よろしい、この市にセリヌンティウスという石工がいます。私の無二の友人だ。あれを、人質としてここに置いて行こう。私が逃げてし

---

8) ①大腸《だいちょう》 ②臓部《ぞうぶ》。内臓《ないぞう》

9) (「張り付け」の意)昔の刑罰の一。初めは身体を板または地上に張りひろげ、釘で打ち付けて殺したが、江戸時代の頃にははりつけ柱に縛り付け、左右の脇腹《わきばら》から槍《やり》で突き殺した。

まって、三日目の日暮まで、ここに帰って来なかったら、あの友人を絞め殺して下さい。たのむ、そうして下さい。」

それを聞いて王は、残虐《ざんぎゃく》な気持で、そっと北叟笑《ほくそえ》んだ。(物事がうまくいったとひそかにわらった。) 生意気なことを言うわい。どうせ帰って来ないにきまっている。この嘘つきに騙《だま》された振りして、放してやるのも面白い。そうして身代り[10]の男を、三日目に殺してやるのも気味がいい。人は、これだから信じられぬと、わしは悲しい顔して、その身代りの男を磔刑《たっけい》[11]に処してやるのだ。世の中の、正直者とかいう奴輩《やつばら》(やつら)にうんと見せつけてやりたいものさ。

「願いを、聞いた。その身代りを呼ぶがよい。三日目には日没《にちぼつ》までに帰って来い。おくれたら、その身代りを、きっと殺すぞ。ちょっとおくれて来るがいい。おまえの罪は、永遠にゆるしてやろうぞ。」

「なに、何をおっしゃる。」

「はは。いのちが大事だったら、おくれて来い。おまえの心は、わかっているぞ。」

---

10) 他人のかわりになること。また、その人。「人質《ひとじち》の—になる」
11) はりつけの刑。磔。

メロスは口《く》惜《や》しく、地《じ》団《だん》駄《だ》踏《ふ》んだ。(怒りもがいて、またくやしがって、はげしく地面を踏んだ。)ものも言いたくなくなった。

竹馬の友、セリヌンティウスは、深夜、王城に召《め》された(呼ばれた)。暴君ディオニスの面前で、佳《よ》き友と佳き友は、二年ぶりで相逢うた(相会った)。メロスは、友に一切の事情を語った。セリヌンティウスは無言で首《うな》肯《ず》き、メロスをひしと抱きしめた。友と友の間は、それでよかった。セリヌンティウスは、縄《なわ》打《う》たれた(縄をかけられしばられた。)。メロスは、すぐに出発した。初夏、満天の星である。

メロスはその夜、一睡《いっすい》もせず十里の路を急ぎに急いで、村へ到着したのは、翌《あく》る日の午前、陽は既《すで》に高く昇って、村人たちは野に出て仕事をはじめていた。メロスの十六の妹も、きょうは兄の代りに羊群《ひつじむれ》の番をしていた。よろめいて歩いて来る兄の、疲労困《ひろうこん》憊《ぱい》[12]の姿を見つけて驚いた。そうして、うるさく兄に質問を浴《あ》びせた。

「なんでも無い。」メロスは無理に笑おうと努めた。「市に用事を残して来た。またすぐ市に行かなければならぬ。あす、おまえの結婚式を挙《あ》げる。早いほうがよかろう。」

妹は頬をあからめた。

---

12) 疲れはてること。

「うれしいか。綺麗《きれい》な衣裳《いしょう》も買って来た。さあ、これから行って、村の人たちに知らせて来い。結婚式は、あすだと。」

メロスは、また、よろよろと歩き出し、家へ帰って神々の祭壇《さいだん》を飾《かざ》り、祝宴《しゅくえん》の席を調え、間もなく床に倒れ伏し、呼吸もせぬくらいの深い眠りに落ちてしまった。

眼が覚めたのは夜だった。メロスは起きてすぐ、花婿《はなむこ》の家を訪れた。そうして、少し事情があるから、結婚式を明日にしてくれ、と頼んだ。婿の牧人は驚き、それはいけない、こちらには未だ何の仕度も出来ていない、葡萄《ぶどう》の季節まで待ってくれ、と答えた。メロスは、待つことは出来ぬ、どうか明日にしてくれ給《たま》え、と更《さら》に押して《(しいて。むりに。)》たのんだ。婿の牧人も頑強《がんきょう》であった。なかなか承諾《しょうだく》してくれない。夜明けまで議論をつづけて、やっと、どうにか婿をなだめ、すかして、説き伏せた。結婚式は、真昼に行われた。新郎新婦の、神々への宣誓《せんせい》が済んだころ、黒雲が空を覆《おお》い、ぽつりぽつり雨が降り出し、やがて車軸《しゃじく》を流す[13]ような大雨となった。祝宴に列席していた村人たちは、何か不吉なものを感じたが、それでも、めいめい気持を引きたて、狭《せま》い家の中で、むんむん蒸《む》し暑《あ》

13) 雨が車軸のような太い雨足《あまあし》で降ること。「車軸を下《くだ》す」に同じ。

いのも怺《こら》え、陽気に歌をうたい、手を拍《う》った。メロスも、満面に喜色《きしょく》を湛《たた》え、しばらくは、王とのあの約束をさえ忘れていた。祝宴は、夜に入っていよいよ乱れ華やかになり、人々は、外の豪雨《ごうう》を全く気にしなくなった。メロスは、一生このままここにいたい、と思った。この佳《よ》い人たちと生涯暮して行きたいと願ったが、いまは、自分のからだで、自分のものでは無い。ままならぬ事である。メロスは、わが身に鞭《むち》打ち、ついに出発を決意した。あすの日没《にちぼつ》までには、まだ十分の時が在る。ちょっと一眠りして、　それからすぐに出発しよう。と考えた。その頃には、雨も小降りになっていよう。少しでも永くこの家に愚図愚図《ぐずぐず》とどまっていたかった。メロスほどの男にも、やはり未練《みれん》の情というものは在る。今宵《こよい》呆然《ぼうぜん》、歓喜《かんき》に酔《よ》っているらしい花嫁に近寄り、

「おめでとう。私は疲れてしまったから、ちょっとご免《めん》こうむって《(失礼して)》眠りたい。目が覚めたら、すぐに市に出かける。大切な用事があるのだ。私がいなくても、もうおまえには優しい亭主があるのだから、決して寂《さび》しい事は無い。おまえの兄の、一ばんきらいなものは、人を疑《うたが》う事と、それから、嘘《うそ》をつく事だ。おまえも、それは、知っているね。亭主との間に、どんな秘密でも作ってはならぬ。

おまえに言いたいのは、それだけだ。おまえの兄は、たぶん偉《えら》い男なのだから、おまえもその誇《ほこ》りを持っていろ。」

花嫁は、夢見心地で首肯《うなず》いた。メロスは、それから花婿の肩をたたいて、

「仕度《したく》の無いのはお互さまさ。私の家にも、宝といっては、妹と羊だけだ。他には、何も無い。全部あげよう。もう一つ、メロスの弟になったことを誇ってくれ。」

花婿は揉《も》み手して、てれていた。メロスは笑って村人たちにも会釈《えしゃく》して、宴席から立ち去り、羊小屋にもぐり込んで、死んだように深く眠った。

眼が覚めたのは翌《あく》る日の薄明《はくめい》の頃である。メロスは跳《は》ね起き、南無三《なむさん》14)、寝過したか、いや、まだまだ大丈夫、これからすぐに出発すれば、約束の刻限《こくげん》(時刻)までには十分間に合う。きょうは是非とも、あの王に、人の信実の存するところを見せてやろう。そうして笑って磔《はりつけ》の台に上ってやる。メロスは、悠々《ゆうゆう》と身仕度《みじたく》をはじめた。雨も、いくぶん小降りになっている様子である。身仕度は出

14) 驚いた時や失敗した時、また事の成功を祈る時に発する語。しまった。大変だ。

来た。さて、メロスは、ぶるんと両腕を大きく振って、雨中、矢の如《ごと》く走り出た。

私は、今宵、殺される。殺される為《ため》に走るのだ。身代わりの友を救う為に走るのだ。王の奸佞《かんねい》15)邪智《じゃち》を打ち破る為に走るのだ。走らなければならぬ。そうして、私は殺される。若い時から名誉を守れ。さらば、ふるさと。若いメロスは、つらかった。幾度《いくど》か、立ちどまりそうになった。えい、えいと大声挙げて自身を叱《しか》りながら走った。村を出て、野を横切り、森をくぐり抜け、隣村《となりむら》に着いた頃《ころ》には、雨も止み、日は高く昇って、そろそろ暑くなって来た。メロスは額《ひたい》の汗をこぶしで払《はら》い、ここまで来れば大丈夫、もはや故郷への未練は無い。妹たちは、きっと佳い夫婦になるだろう。私には、いま、なんの気がかりも無い筈《はず》だ。まっすぐに王城に行き着けば、それでよいのだ。そんなに急ぐ必要も無い。ゆっくり歩こう、と持ちまえの呑気《のんき》さを取り返し、好きな小歌《こうた》(歌謡)をいい声で歌い出した。ぶらぶら歩いて二里行き三里行き、そろそろ全里程の半ばに到達《とうたつ》した頃、降って湧いた(思いかけなく現れた)災難《さいなん》、メロスの足は、はた

---

15) 心が曲がっていて悪賢く、人にこびへつらうこと。また、そのさま。「—邪知」

と、とまった。見よ、前方の川を。きのうの豪雨で山の水源地は氾濫《はんらん》し、濁流滔々《だくりゅうとうとう》と下流に集り、猛勢《もうせい》一挙に橋を破壊《はかい》し、どうどうと響《ひび》きをあげる激流《げきりゅう》が、木端微塵《こっぱみじん》[16]に橋桁《はしげた》[17]を跳ね飛ばしていた。彼は茫然《ぼうぜん》と、立ちすくんだ。あちこちと眺《なが》めまわし、また、声を限りに呼びたててみたが、繋舟《けいしゅう》[18]は残らず浪《なみ》に浚《さら》われて影なく、渡守り《わたしもり》[19]の姿も見えない。流れはいよいよ、ふくれ上り、海のようになっている。メロスは川岸にうずくまり、男泣きに泣きながらゼウスに手を挙げて哀願《あいがん》した。「ああ、鎮《しず》めたまえ、荒れ狂う流れを！時は刻々《こっこく》に過ぎて行きます。太陽も既《すで》に真昼時です。あれが沈《しず》んでしまわぬうちに、王城に行き着くことが出来なかったら、あの佳い友達が、私のために死ぬのです。」

濁流は、メロスの叫びをせせら笑う《(あざけり笑う)》如《ごと》く、ますます激しく躍《おど》り狂う。浪は浪を呑《の》み、巻《ま》き、煽《あお》り立て、そうして時は、刻一刻と消えて行く。今はメロスも覚悟した。泳ぎ切るより他に無い。ああ、神々も照覧《しょうらん》[20]あれ！濁流にも負けぬ愛と誠《まこと》の偉大《いだい》な力を、い

---

16) きわめてこまかく砕けること。こなみじん。

17) 橋で、橋脚の上にわたして橋板を支えさせる材。

18) つなぎ止めた舟。

19) 渡し船の船頭。

まこそ発揮《はっき》して見せる。メロスは、ざんぶと流れに飛び込み、百匹の大蛇《だいじゃ》のようにのた打ち《(苦しみもがいてころげまわる)》荒れ狂う浪を相手に、必死の闘争《とうそう》を開始した。満身の力を腕にこめて、押し寄せ渦《うず》巻き引きずる流れを、なんのこれしき《(これくらい)》と掻《か》きわけ掻きわけ、めくらめっぽう《(やみくも)》[21]獅子《しし》奮迅《ふんじん》[22]の人の子の姿には、神も哀れと思ったか、ついに憐愍《れんびん》を垂れてくれた。押し流されつつも、見事、対岸の樹木《じゅもく》の幹《みき》に、すがりつく事が出来たのである。ありがたい。メロスは馬のように大きな胴震《どうぶる》いを一つして、すぐにまた先きを急いだ。一刻といえども、むだには出来ない。陽は既《すで》に西に傾《かたむ》きかけている。ぜいぜい荒い呼吸をしながら峠《とうげ》をのぼり、のぼり切って、ほっとした時、突然、目の前に一隊の山賊《さんぞく》が躍《おど》り出た。

「待って。」

「何をするのだ。私は陽の沈まぬうちに王城へ行かなければならぬ。放せ。」

「どっこい[23]放さぬ。持ちもの全部を置いて行け。」

---

20) あきらかに見ること。神仏がごらんになること。「神々も―あれ」

21) 見当をつけないで、やみくもに事をすること。また、そのさま。「―に突進する」

22) 獅子《しし》がふるい立ったように、勢いの甚《はなは》だ盛んなこと。

「私にはいのちの他には何も無い。その、たった一つの命も、これから王にくれてやるのだ。」

「その、いのちが欲しいのだ。」

「さては、王の命令で、ここで私を待ち伏《ぶ》せしていたのだな。」

山賊たちは、ものも言わず一斉に棍棒《こんぼう》を振り挙げた。メロスはひょいと、からだを折り曲げ、飛鳥《ひちょう》の如《ごと》く身近かの一人に襲いかかり、その棍棒を奪い取って、

「気の毒だが正義のためだ！」と猛然一撃、たちまち、三人を殴り倒し、残る者のひるむ隙《すき》に、さっさと走って峠を下った。一気に峠を駈け降りたが、流石《さすが》に疲労し、折から午後の灼熱《しゃくねつ》の太陽がまともに、かっと照って来て、メロスは幾度となく眩暈《めまい》を感じ、これではならぬ、と気を取り直しては、よろよろ二、三歩あるいて、ついに、がくりと膝《ひざ》を折った。立ち上る事が出来ぬのだ。天を仰《あお》いで、くやし泣きに泣き出した。ああ、あ、濁流《だくりゅう》を泳ぎ切り、山賊《さんぞく》を三人も撃ち倒し韋駄天《いだてん》24)、ここまで突破して来たメロ

---

23) 相手の行動などをさえぎり止める時に発する語。

24) ①バラモン教の神で、シヴァ神とされる。伽藍《がらん》を守る神、小児《しょうに》の病魔を除く神とされる。捷疾鬼《しょうしつき》が仏舎利《ぶっしゃり》を奪って逃げ去ったとき、これを追って取り戻したという俗伝《ぞくでん》から、よく走る神として知られる。②転じ

スよ。真の勇者、メロスよ。今、ここで、疲れ切って動けなくなるとは情《なさけ》無い。愛する友は、おまえを信じたばかりに、やがて殺されなければならぬ。おまえは、稀代《きだい》の不信の人間、まさしく王の思う壺《つぼ》だぞ、と自分を叱《しか》ってみるのだが、全身萎《な》えて、もはや芋虫《いもむし》ほどにも前進かなわぬ。路傍《ろぼう》(みちばた)の草原にごろりと寝ころがった。身体疲労すれば、精神も共にやられる。もう、どうでもいいという、勇者に不似合いな不貞腐《ふてくさ》れた(捨てばちになって見せる)根性が、心の隅《すみ》に巣喰《すく》った。私は、これほど努力したのだ。約束を破る心は、みじんも(全然。全く)無かった。神も照覧《しょうらん》、私は精一ぱいに努めて来たのだ。動けなくなるまで走って来たのだ。私は不信の徒《と》(ともがら。なかま。)では無い。ああ、できる事なら私の胸を截《た》ち割《わ》って、真紅の心臓をお目に掛《か》けたい。愛と信実の血液だけで動いているこの心臓を見せてやりたい。けれども私は、この大事な時に、精も根も尽きたのだ(精力も気力も使ってしまったのだ。)。私は、よくよく(極度に)不幸な男だ。私は、きっと笑われる。私の一家も笑われる。私は友を欺《あざむ》いた。中途で倒れるのは、はじめから何もしないのと同じ事だ。ああ、もう、どうでもいい。これが、私の定った運命なのかも知れない。セリヌンティウスよ、ゆるしてくれ。君は、いつでも私

て、足の速い人。

を信じた。私も君を、欺《あざむ》かなかった。私たちは、本当に佳《よ》い友と友であったのだ。いちどだって、暗い疑惑《ぎわく》の雲を、お互い胸に宿したことは無かった。いまだって、君は私を無心に待っているだろう。ああ、待っているだろう。ありがとう、セリヌンティウス。よくも私を信じてくれた。それを思えば、たまらない。友と友の間の信実は、この世で一ばん誇《ほこ》るべき宝なのだからな。セリヌンティウス、私は走ったのだ。君を欺くつもりは、みじんも無かった。信じてくれ！私は急ぎに急いでここまで来たのだ。濁流を突破《とっぱ》した。山賊の囲みからも、するりと抜けて一気に峠を駈《か》け降《お》りて来たのだ。私だから、出来たのだよ。ああ、この上、私に望み給《たま》うな。放《ほ》って置いてくれ。どうでも、いいのだ。私は負けたのだ。だらしが無い。笑ってくれ。王は私に、ちょっとおくれて来い、と耳打ちした。おくれたら、身代りを殺して、私を助けてくれると約束した。私は王の卑劣《ひれつ》を憎んだ。けれども、今になってみると、私は王の言うままになっている。私は、おくれて行くだろう。王は、ひとり合点《がってん》[25]して私を笑い、そうして事も無く私を放免するだろう。そうなったら、私は、死ぬよりつらい。私は、永遠に裏切者

25) ①承知。承諾。うなずくこと。②納得。得心。がてん。

だ。地上で最も、不名誉《ふめいよ》の人種だ。セリヌンティウスよ、私も死ぬぞ。君と一緒に死なせてくれ。君だけは私を信じてくれるにちがい無い。いや、それも私の、ひとりよがり《(ひとりぎめ)》か？ああ、もういっそ、悪徳者として生き伸びてやろうか。村には私の家が在る。羊も居る。妹夫婦は、まさか私を村から追い出すような事はしないだろう。正義だの、信実だの、愛だの、考えてみれば、くだらない。人を殺して自分が生きる。それが人間世界の定法《じょうほう》《(規則)》ではなかったか。ああ、何もかも、ばかばかしい。私は、醜《みにく》い裏切り者だ。どうとも、勝手にするがよい。やんぬる哉《かな》[26]。―― 四肢を投げ出して、うとうと、まどろんでしまった。

ふと耳に、潺々《せんせん》、水の流れる音が聞えた。そっと頭をもたげ、息を呑《の》んで耳をすました。すぐ足もとで、水が流れているらしい。よろよろ起き上って、見ると、岩の裂目《さけめ》から滾々《こんこん》と、何か小さく囁《ささや》きながら清水が湧《わ》き出ているのである。その泉に吸《す》い込まれるようにメロスは身をかがめた。水を両手で掬《すく》って、一くち飲んだ。ほうと長い溜息《ためいき》が出て、夢から覚《さ》めたような気がした。歩ける。行こう。肉体の疲労回復《かいふく》と共に、わずかながら希望が生れ

26) もうおしまいだ。今となっては、どうしようもない。

た。義務遂行《すいこう》の希望である。わが身を殺して、名誉を守る希望である。斜陽《しゃよう》は赤い光を、樹々の葉に投じ、葉も枝も燃えるばかりに輝いている。日没までには、まだ間がある。私を、待っている人があるのだ。少しも疑わず、静かに期待してくれている人があるのだ。私は、信じられている。私の命なぞは、問題ではない。死んでお詫《わ》び、などと気のいい事は言って居られぬ。私は、信頼に報《むく》いなければならぬ。いまはただその一事だ。走れ！メロス。

私は信頼されている。私は信頼されている。先刻《せんこく》の、あの悪魔の囁《ささや》きは、あれは夢だ。悪い夢だ。忘れてしまえ。五臓が疲れているときは、ふいとあんな悪夢を見るものだ。メロス、おまえの恥《はじ》ではない。やはり、おまえは真の勇者だ。再び立って走れるようになったではないか。ありがたい！私は、正義の士として死ぬ事が出来るぞ。ああ、陽が沈む。ずんずん沈む。待ってくれ、ゼウスよ。私は生れた時から正直な男であった。正直な男のままにして死なせて下さい。

路《みち》行く人を押しのけ、跳《は》ねとばし、メロスは黒い風のように走った。野原で酒宴《しゅえん》の、その宴席のまっただ中を駆《か》け抜け、酒宴の人たちを仰天《ぎょうてん》させ《(びっくりさせ)》、犬を蹴《け》とばし、小川を飛び越え、少しずつ沈んでゆく太陽の、十倍も早く走った。一団の旅人と颯《さ》っとすれちがった瞬間《しゅんかん》、不吉な会話を小耳にはさんだ《(ちらりときいた。)》。「いまごろは、あの男も、磔《はりつけ》にかかっているよ。」ああ、その男、その男のために私は、いまこんなに走っているのだ。その男を死なせてはならない。急げ、メロス。おくれてはならぬ。愛と誠の力を、いまこそ知らせてやるがよい。風態《ふうてい》《(みなり)》なんかは、どうでもいい。メロスは、いまは、ほとんど全裸体《ぜんらたい》であった。呼吸も出来ず、二度、三度、口から血が噴《ふ》き出た。見える。はるか向うに小さく、シラクスの市の搭楼《とうろう》が見える。塔楼は、夕陽を受けてきらきら光っている。

「ああ、メロス様。」うめくような声が、風と共に聞えた。

「誰だ。」メロスは走りながら尋ねた。

「フィロストラトスでございます。貴方《あなた》のお友達セリヌンティウス様の弟子でございます。」その若い石工も、メロスの後について走りながら叫んだ。「もう、駄目でございます。むだでございます。走るのは、やめて下さい。もう、あの方《かた》をお助けになることは出来ません。」

「いや、まだ陽は沈まぬ。」

「ちょうど今、あの方が死刑になるところです。ああ、あなたは遅《おそ》かった。おうらみ申します。ほんの少し、もうちょっとでも、早かったなら！」

「いや、まだ陽は沈まぬ。」メロスは胸の張り裂《さ》ける思いで、赤く大きい夕陽ばかりを見つめていた。走るより他は無い。

「やめて下さい。走るのは、やめて下さい。いまはご自分のお命が大事です。あの方は、あなたを信じて居りました。刑場に引き出されても、平気でいました。王様が、さんざんあの方をからかっても、メロスは来ます、とだけ答え、強い信念を持ちつづけている様子でございました。」

「それだから、走るのだ。信じられているから走るのだ。間に合う、間に合わぬは問題でないのだ。人の命も問題でないのだ。私は、なんだか、もっと恐ろしく大きいものの為に走っているのだ。ついて来い！フィロストラトス。」

「ああ、あなたは気が狂ったか。それでは、うんと走るがいい。ひょっとしたら、間に合わぬものでもない。走るがいい。」

言うにや及ぶ。まだ陽は沈まぬ。最後の死力を尽《つく》して、メロスは走った。メロスの頭は、からっぽだ。何一つ考えていない。ただ、わけのわからぬ大きな力にひきずられて走った。陽は、ゆらゆら地平線に没し、まさに最後の一片の残光も、消えようとした時、メロスは疾風《しっぷう》の如《ごと》く刑場に突入した。間に合った。

「待て。その人を殺してはならぬ。メロスが帰って来た。約束のとおり、いま、帰って来た。」と大声で刑場の群衆《ぐんしゅう》にむかって叫《さけ》んだつもりであったが、喉《のど》がつぶれて嗄《しわが》れた声が幽《かす》かに出たばかり、群衆は、ひとりとして彼の到着に気がつかない。すでに磔《はりつけ》の柱が高々と立てられ、縄《なわ》を打たれたセリヌンティウスは、徐々に釣り上げられてゆく。メロスはそれを目撃《もくげき》して最後の勇、先刻《せんこく》、濁流《だくりゅう》を泳いだように群衆《ぐんしゅう》を掻《か》きわけ、掻きわけ、

「私だ、刑吏！殺されるのは、私だ。メロスだ。彼を人質にした私は、ここにいる！」と、かすれた声で精一ぱいに叫びながら、ついに磔台《はりつけだい》に昇り、釣り上げられてゆく友の両足に、齧《かじ》りついた。群衆は、どよめいた。あっぱれ。《(よくやった。すばらしい。)》ゆるせ、と口々にわめいた。セリヌンティウスの縄《なわ》は、ほどかれたのである。

「セリヌンティウス。」メロスは目に涙を浮べて言った。「私を殴《なぐ》れ。ちから一ぱいに頬《ほお》を殴れ。私は、途中で一度、悪い夢を見た。君が若《も》し私を殴ってくれなかったら、私は君と抱擁《ほうよう》する資格《しかく》さえ無いのだ。殴れ。」

セリヌンティウスは、すべてを察《さっ》した様子で首肯《うなず》き、刑場一ぱいに鳴り響くほど音高くメロスの右頬を殴った。殴ってから優しく微笑《ほほえ》み、

「メロス、私を殴れ。同じくらい音高く私の頬を殴れ。私はこの三日の間、たった一度だけ、ちらと君を疑った。生れて、はじめて君を疑った。君が私を殴ってくれなければ、私は君と抱擁できない。」

メロスは腕に唸《うな》りをつけてセリヌンティウスの頬を殴った。

「ありがとう、友よ。」二人同時に言い、ひしと抱き合い、それから嬉《うれ》し泣きにおいおい声を放って泣いた。

群衆の中からも、歔欷《きょき》の声《(すすり泣き)》が聞えた。暴君ディオニスは、群衆の背後から二人の様を、まじまじと見つめていたが、やがて静かに二人に近づき、顔をあからめて、こう言った。

「おまえらの望みは叶《かな》ったぞ。おまえらは、わしの心に勝ったのだ。信実とは、決して空虚《くうきょ》な妄想《もうそう》ではなかった。どうか、わしをも仲間に入れてくれまいか。どうか、わしの願いを聞き入れて、おまえらの仲間の一人にしてほしい。」

どっと群衆の間に、歓声が起った。

「万歳、王様万歳。」ひとりの少女が、緋《ひ》(赤色)のマントをメロスに捧《ささ》げた。メロスは、まごついた。佳き友は、気をきかせて教えてやった。

「メロス、君は、まっぱだかじゃないか。早くそのマントを着るがいい。この可愛い娘さんは、メロスの裸体《らたい》を、皆に見られるのが、たまらなく口惜《くや》しいのだ。」

勇者は、ひどく赤面《せきめん》(顔が赤くなった。)した。

(古伝説と、シルレル[27]の詩から。)

(一九四〇年)

---

27) シラー。【Friedrich von Schiller】ドイツの詩人・劇作家。感性と理性との調和を理想とし、作品においては政治的・精神的自由の理念を高揚《こうよう》した。劇作においてドイツ最高の手腕とされる。詩「歓喜に寄す」(1759～1805)

志賀直哉《しがなおや》

志賀直哉(1883～1971)小説家。宮城県《みやぎけん》生まれ。小説の神様と言われる彼の作品の多くは、私小説、心境小説と呼ばれる。強烈な自我意識と潔癖《けっぺき》な道義感と鋭い感受性に富み、人間の生命と自然の調和を簡潔《かんけつ》な文体で描く。その簡潔で厳しい文体は、近代散文の典型として高く評価されている。「城《き》の崎《さき》にて」「和解《わかい》」「灰色《はいいろ》の月《つき》」「小僧《こぞう》の神様《かみさま》」など多数の好短編があり、名作長編「暗夜行路《あんやこうろう》」がある。

城の崎にて

山の手線[1]の電車に跳飛《はねと》ばされて怪我《けが》をした、その後養生《あとようじょう》(保養)に、一人で但馬《たじま》[2]の城崎《きのさき》温泉へ出掛けた。背中の傷が脊椎《せきつい》カリエス[3]になれば致命傷になりかねないが、そんな事はあるまいと医者に云われた。二三年で出なければ後は心配はいらない、とにかく要心は肝心《かんじん》(肝要。大切。)だからといわれて、それで来た。三週間以上 —— 我慢出来たら五週間位居たいものだと考えて来た。

頭は未だ何だか明瞭《はっきり》しない。物忘れが烈しくなった。然し気分は近年になく静まって、落ちついたいい気持がしていた。稲の穫《と》り入れの始まる頃で、気候もよかったのだ。

一人きりで誰も話相手はない。読むか書くか、ぼんやりと部屋

---

1) 東京都、品川《しながわ》から新宿《しんじゅく》・池袋《いけぶくろ》を経て田端《たばた》に至るJR線。

2) 旧国名の一。山陰道《さんいんどう》に属し、今の兵庫県《ひょうごけん》の北部にあたる。

3) 脊椎骨《せきついほね》の結核。疼痛《とうつう》があり、脊椎の運動が制限され、進行すると椎体が破壊され、膿瘍《のうよう》を形成し、脊椎の変形をきたす。

の前の椅子に腰かけて山だの往来だのを見ているか、それでなければ散歩で暮していた。散歩する所は町から小さい流れについて少しずつ登りになった路にいい所があった。山の裾《すそ》を廻っているあたりの小さな潭《ふち》になった所に山女《やまめ》が沢山集っている。そして尚よく見ると、足に毛の生えた大きな川蟹が石のように凝然《じっ》としているのを見つける事がある。夕方の食事前にはよくこの路を歩いて来た。冷々《ひえびえ》とした夕方、淋しい秋の山峡《さんきょう》(谷間。やまかい。)を小さい清い流れについて行く時考える事はやはり沈んだ事が多かった。淋しい考だった。然しそれには静かないい気持がある。自分はよく怪我の事を考えた。一つ間違えば、今頃は青山《あおやま》[4]の土の下に仰向けになって寝ているところだったなど思う。青い冷たい堅い顔をして、顔の傷も背中の傷もそのままで。祖父や母の死骸が傍《わき》にある。それももうお互に何の交渉もなく、—— こんな事が想い浮ぶ。それは淋しいが、それ程に自分を恐怖させない考だった。何時かはそうなる。それが何時か？—— 今まではそんな事を思って、その「何時か」を知らず知らず遠い先の事にしていた。然し今は、それが本統に

4) 東京都港区《みなとく》の地名。江戸初期、青山常陸介《ひたちのすけ》忠成の屋敷《やしき》があった。南部に青山霊園がある。

何時か知れないような気がして来た。自分は死ぬ筈だったのを助かった、何かが自分を殺さなかった、自分には仕なければならぬ仕事があるのだ、—— 中学で習ったロード・クライヴ[5]という本に、クライヴがそう思う事によって激励される事が書いてあった。実は自分もそういう風に危うかった出来事を感じたかった。そんな気もした。然し妙に自分の心は静まって了った。自分の心には、何かしら死に対する親しみが起っていた。

自分の部屋は二階で、隣のない、割に静かな座敷だった。読み書きに疲れるとよく縁の椅子に出た。脇《わき》が玄関の屋根で、それが家《いえ》へ接続する所が羽目《はめ》(板張の形)になっている。その羽目の中に蜂《はち》の巣があるらしい。虎斑《とらふ》(とらげ)の大きな肥った蜂が天気さえよければ、朝から暮近くまで毎日忙《いそが》しそうに働いていた。蜂は羽目のあわい(すきま)から摩抜《すりぬ》けて出ると、一ト先ず玄関の屋根に下りた。其所で羽根や触角を前足や後足《うしろあし》で丁寧に調《ととの》えると、少し歩きまわる奴もあるが、直ぐ細長い羽根を両方へしっかりと張ってぶーんと飛び立つ。飛立つと急に早くなって飛んで行く。植込みの八つ手の花が丁度咲きか

5) Lord Clive(1725～1774)。英国の政治家　軍人で、インドの英領植民地化に活躍し、男爵《だんしゃく》を授けられた人物。

けで蜂はそれに群っていた。自分は退屈すると、よく欄干から蜂の出《で》入《はい》りを眺めていた。

或朝の事、自分は一疋の蜂が玄関の屋根で死んでいるのを見つけた。足を腹の下にぴったりとつけ、触角はだらしなく顔へたれ下がっていた。他《ほか》の蜂は一向に《(全く)》冷淡だった。巣の出《で》入《はい》りに忙《いそが》しくその傍《わき》を這いまわるが全く拘泥する様子はなかった。忙《いそが》しく立働いている蜂は如何にも生きている物という感じを与えた。その傍に一疋、朝も昼も夕も、見る度に一つ所に全く動かずに俯《うつ》向きに転っているのを見ると、それが又《また》如何にも死んだものという感じを与えるのだ。それは三日程そのままになっていた。それは見ていて、如何にも静かな感じを与えた。淋しかった。他《ほか》の蜂が皆《みんな》巣へ入ってしまった日暮、冷たい瓦の上に一つ残った死骸を見る事は淋しかった。然し、それは如何にも静かだった。

夜の間にひどい雨が降った。朝は晴れ、木の葉も地面も屋根も綺麗に洗われていた。蜂の死骸はもう其処になかった。今も巣の蜂共は元気に働いているが、死んだ蜂は雨樋《あめどい》を伝って地面へ流し出された事であろう。足は縮めたまま、触角は顔へこびりついたまま、多分泥にまみれて何処かで凝《じっ》然としている事だろう。外界にそれを動かす次の変化が起るまでは死骸は凝然と其処にしているだろう。それとも蟻に曳かれて行くか。それにしろ、それは如何にも静かであった。忙《せわ》しく忙しく働いてばかりいた蜂が全く動く事がなくなったのだから静かである。自分はその静かさに親しみを感じた。自分は「范《はん》の犯罪」という短篇小説をその少し前に書いた。范という支那人が過去の出来事だった結婚前《まえ》の妻と自分の友達だった男との関係に対する嫉妬から、そして自身の生理的圧迫もそれを助長し、その妻を殺す事を書いた。それは范の気持を主《しゅ》にして書いたが、然し今は范の妻の気持を主にし、仕舞に殺されて墓の下にいる、その静かさを自分は書きたいと思った。

「殺されたる范の妻」を書こうと思った。それはとうとう書かなかったが、自分にはそんな要求が起っていた。その前からかかっている長篇の主人公の考とは、それは大変異《ちが》ってしまった気持だったので弱った。

蜂の死骸が流され、自分の眼界から消えて間もない時だった。ある午前、自分は円山川《まるやまがわ》[6]、それからそれの流れ出る日本海などの見える東山《ひがしやま》公園へ行くつもりで宿を出た。「一の湯」[7]の前から

6) 兵庫県北東部を流れる一級水系の本流。

小川は往来の真中をゆるやかに流れ、円山川《まるやまがわ》へ入る。或所まで来ると橋だの岸だのに人が立って何か川の中の物を見ながら騒いでいた。それは大きな鼠《ねずみ》を川へなげ込んだのを見ているのだ。鼠は一生懸命に泳いで逃げようとする。鼠には首の所に七寸ばかりの魚《さかな》串《ぐし》が刺し貫《とお》してあった。頭の上に三寸程、咽喉《のど》の下に三寸程それが出ている。鼠は石垣へ這上ろうとする。子供が二三人、四十位の車夫が一人、それへ石を投げる。却々《なかなか》当らない。カチッカチッと石垣に当って跳《は》ね返った。見物人は大声で笑った。鼠は石垣の間に漸く前足をかけた。然し這上ろうとすると魚串が直ぐにつかえた。そして又水へ落ちる。鼠はどうかして助かろうとしている。顔の表情は人間にわからなかったが動作の表情に、それが一生懸命である事がよくわかった。鼠は何処かへ逃げ込む事が出来れば助かると思っているように、長い串を刺されたまま、又川の真中の方へ泳ぎ出た。子供や車夫は益々面白がって石を投げた。傍《わき》の洗場の前で餌を漁《あさ》っていた二三羽の家鴨《あひる》が石が飛んで来るので

---

7) 江戸中期温泉医学の創始者後藤艮山《ごとうこんざん》の高弟香川修徳がその著「薬選」の中で当時新湯といったこの湯を、天下一と推賞したことから名づけられた。

びっくりし、首を延ばしてきょろきょろとした。スポッ、スポッと石が水へ投げ込まれた。家鴨は頓狂《とんきょう》(あわてて間の抜けた)な顔をして首を延ばしたまま、鳴きながら、忙《せわ》しく足を動かして上流の方へ泳いで行った。自分は鼠の最期《さいご》(死にぎわ)を見る気がしなかった。鼠が殺されまいと、死ぬに極った運命を担《にな》いながら、全力を尽して逃げ廻っている様子が妙に頭についた。自分は淋しい嫌《いや》な気持になった。あれが本統なのだと思った。自分が希っている静かさの前に、ああいう苦しみのある事は恐ろしい事だ。死後の静寂に親しみを持つにしろ、死に到達するまでのああいう動騒《どうそう》は恐ろしいと思った。自殺を知らない動物はいよいよ死に切るまではあの努力を続けなければならない。今自分にあの鼠のような事が起ったら自分はどうするだろう。自分はやはり鼠と同じような努力をしはしまいか。自分は自分の怪我の場合、それに近い自分になった事を思わないではいられなかった。自分は出来るだけの事をしようとした。自分は自身で病院をきめた。それへ行く方法を指定した。若し医者が留守で、行って直ぐに手術の用意が出来ないと困ると思って電話を先にかけて貰う事などを頼んだ。半分意識を失った状態で、一番大切な事だけによく頭の働いた事は自分でも後から不思議に思った位である。しかもこの傷が致命的なものかどうかは自分の問題だった。然し、致命的のものかどうかを問題としながら、殆ど死の恐怖に襲われなかったのも自分では不思議であった。「フェータル《(fatal)》なものか、どうか？医者は何といっていた？」こう側《そば》にいた友に訊《き》いた。「フェータルな傷じゃないそうだ」こう云われた。こう云われると自分は然し急に元気づいた。興奮から自分は非常に快活になった。フェータルなものだと若し聞いたら自分はどうだったろう。その自分は一寸想像出来ない。自分は弱ったろう。然し普段考えている程、死の恐怖に自分は襲われなかったろうという気がする。そしてそういわれても尚、自分は助かろうと思い、何かしら努力をしたろうという気がする。それは鼠の場合と、そう変らないものだったに相違ない。で、又それが今来たらどうかと思って見て、なおかつ、余り変らない自分であろうと思うと「あるがまま」で、気分で希《ねが》う所が、そう実際に直ぐは影響はしないものに相違ない、しかも両方が本統で、影響した場合は、それでよく、しない場合でも、それでいいのだと思った。それは仕方のない事だ。

そんな事があって、又暫《しばら》くして、或夕方、町から小川に沿うて一人段々上へ歩いていった。山陰線《さんいんせん》の隧道《トンネル》の前で線路を越すと道幅が狭くなって路も急になる、流れも同様に急になって、人家も全く見えなくなった。もう帰ろうと思いながら、あの見える所までという風に角《かど》を一つ一つ先へ先へと歩いて行った。物が総て青白く、空気の肌ざわりも冷々として、物静かさが却って何となく自分をそわそわとさせた。大きな桑の木が路傍《みちばた》にある。彼方《むこう》の、路へ差し出した桑の枝で、或一つの葉だけがヒラヒラヒラヒラ、同じリズムで動いている。風もなく流れの他は総て静寂の中にその葉だけがいつまでもヒラヒラヒラヒラと忙《せわ》しく動くのが見えた。自分は不思議に思った。多少怖《こわ》い気もした。然し好奇心もあった。自分は下へいってそれを暫く見上げていた。すると風が吹いて来た。そうしたらその動く葉は動かなくなった。原因は知れた。何かでこういう場合を自分はもっと知っていたと思った。

段々と薄暗くなって来た。いつまで往《い》っても、先の角はあった。もうここらで引きかえそうと思った。自分は何気なく傍《わき》の流れを見た。向う側の斜めに水から出ている半畳敷程の石に黒い小さいものがいた。蠑螈《いもり》だ。未だ濡れていて、それはいい色をしていた。頭を下に傾斜から流れへ臨《のぞ》んで、凝《じっ》としていた。体から滴《したた》れた水が黒く乾いた石へ一寸《すん》程流れている。自分はそれを何気なく、踞《しゃが》んで見ていた。自分は先《せん》程蠑螈は嫌いでなくなった。蜥蜴《とかげ》は多少好きだ。屋守《やもり》は虫の中でも最も嫌いだ。蠑螈は好きでも嫌いでもない。十年程前によく蘆《あし》の湖《こ》[8]で蠑螈《いもり》が宿屋の流し水の出る所に集っているのを見て、自分が蠑螈だったら堪《たま》らないという気をよく起した。蠑螈に若し生れ変ったら自分はどうするだろう、そんな事を考えた。その頃蠑螈を見るとそれが想い浮ぶので、蠑螈を見る事を嫌った。然しもうそんな事を考えなくなっていた。自分は蠑螈を驚かして水へ入れようと思った。不器用にからだを振りながら歩く形が想われた。自分は踞《しゃが》んだまま、傍《わき》の小《こ》鞠《まり》程の石を取上げ、それを投げてやった。自分は別に蠑螈を狙《ねら》わなかった。狙ってもとても当らない程、狙って投げる事の下手な自分はそれが当る事などは全く考えなかった。石はこツといってから流れに落ちた。石の音と同時に蠑螈は四寸程横へ跳《と》んだように見えた。蠑螈は尻尾を反《そ》らし、高く上げた。自分はどうしたのかしら、と思って見ていた。最初石が当ったとは思わなかった。蠑螈の反らした尾が自然に静かに下りて来た。すると肘《ひじ》を張ったようにして傾斜に堪《た》えて、前へついていた両の前足の指が内へま

---

8) 神奈川県《かながわけん》、箱根《はこね》山上の火口原湖。

くれ込むと、蠑螈は力なく前へのめって了った。尾は全く石についた。もう動かない。蠑螈は死んで了った。自分は飛んだ事をしたと思った。虫を殺す事をよくする自分であるが、その気が全くないのに殺して了ったのは自分に妙な嫌《いや》な気をさした。素《もと》より自分の仕た事ではあったが如何にも偶然だった。蠑螈にとっては全く不意な死であった。自分は暫く其処に踞《しゃが》んでいた。蠑螈と自分だけになったような心持がして蠑螈の身に自分がなってその心持を感じた。可哀想に想うと同時に、生き物の淋しさを一緒に感じた。自分は偶然に死ななかった。蠑螈は偶然に死んだ。自分は淋しい気持になって、漸く足元の見える路を温泉宿の方に帰って来た。遠く町端れの灯《ひ》が見え出した。死んだ蜂はどうなったか。その後《ご》の雨でもう土の下に入って了ったろう。あの鼠《ねずみ》はどうしたろう。海へ流されて、今頃はその水ぶくれのした体を塵芥《ごみ》と一緒に海岸へでも打ちあげられている事だろう。そして死ななかった自分は今こうして歩いている。そう思った。自分はそれに対し、感謝しなければ済まぬような気もした。然し実際喜びの感じは湧《わ》き上っては来なかった。生きている事と死んで了っている事と、それは両極ではなかった。それ程に差はないような気がした。もうかなり暗かった。視覚は遠い灯《ひ》を感ずるだけだった。足の踏む感覚も視覚を離れて、如何にも不確だった。只頭だけが勝手に働く。それが一層そういう気分に自分を誘《さそ》って行った。

三週間いて、自分は此処を去った。それから、もう三年以上になる。自分は脊椎カリエスになるだけは助かった。

(一九一七年)

小僧の神様

一

仙吉《せんきち》は神田《かんだ》1)のある秤屋《はかりや》の店に奉公している。

それは秋らしい柔かな澄んだ陽ざしが、紺の大分はげ落ちた暖《の》簾《れん》の下から静かに店先に差し込んでいる時だった。店には一人の客もない。帳場格子《ちょうばごうし》2)の中に坐って退屈そうに巻煙草をふかしていた番頭3)が、火鉢の傍《そば》で新聞を読んでいる若い番頭にこんな風に話しかけた。

「おい、幸《こう》さん。そろそろお前の好きな鮪《まぐろ》の脂身が食べられる頃だネ」

「ええ」

「今夜あたりどうだね。お店を仕舞ってから出かけるかネ」

---

1) 東京都千代田区《ちよだく》の北東部を占める地域。大学・書店・出版社が多い。

2) 商店などで、帳場のかこいに立てる低い衝立《ついたて》格子。多くは二つ折り、または三つ折り。

3) 商家などの使用人のかしら。営業・経理など、店のすべてを預《あず》かる者。

「結構ですな」

「外濠《そとぼり》[4]《(外堀を走る電車)》に乗って行けば十五分だ」

「そうです」

「あの家のを食っちゃア、この辺のは食えないからネ」

「全くですよ」

若い番頭からは少し退《さが》った然るべき位置に、前掛の下に両手を入れて、行儀よく坐っていた小僧の仙吉は、「ああ鮨屋《すしや》の話だな」と思って聴いていた。京橋にSと云う同業の店がある。その店へ時々使に遣られるので、その鮨屋の位置だけはよく知っていた。仙吉は早く自分も番頭になって、そんな通《つう》[5]らしい口をききながら、勝手にそう云う家の暖簾をくぐる身分になりたいものだと思った。

「何でも、《(よくはわからないが)》与兵衛《よへえ》の息子が松屋の近所に店を出したと云う事だが、幸さん、お前は知らないかい」

「へえ存じませんな。松屋というと何処のです」

「私もよくは聞かなかったが、いずれ今川橋《いまがわばし》[6]の松屋だろうよ」

---

4) 外濠線《そとぼりせん》。東京で、江戸城の外濠に沿って走っていた路面電車の称。また、それを走る電車。

5) ある領域の趣味・道楽について精通《せいつう》していること。

6) 東京都千代田区《ちよだく》にかつてあった竜閑川に架かっていた橋。

「そうですか。で、其処は旨いんですか」

「そう云う評判だ」

「やはり与兵衛ですか」

「いや、何とか云った。何屋とか云ったよ。聴いたが忘れた」

仙吉は「色々そう云う名代《なだい》(有名)の店があるものだな」と思って聴いていた。そして、

「然し旨いと云うと全体どう云う具合に旨いのだろう」そう思いながら、口の中に溜って来る唾《つばき》を、音のしないように用心しいしい(しながら)飲み込んだ。

二

それから二三日した日暮だった。京橋のＳまで仙吉は使に出された。出掛けに彼は番頭から電車の往復代だけを貰って出た。

外濠の電車を鍛冶橋《かじばし》[7]で降りると、彼は故《わざ》と鮨屋の前を通って行った。彼は鮨屋の暖簾を見ながら、その暖簾を勢よく分けて入って行く番頭達の様子を想った。その時彼はかなり腹がへって

---

7) 鍛冶橋《かじばし》は丸《まる》の内《うち》から鍛冶町(今の八重洲2丁目付近)へ出る橋。

いた。脂で黄がかった《(黄色をおびた)》鮪の鮨が想像の眼に映ると、彼は「一つでもいいから食いたいものだ」と考えた。彼は前から往復の電車賃を貰うと片道を買って帰りは歩いて来る事をよくした。今も残った四銭が懐《ふところ》の裏隠しでカチャカチャと鳴っている。

「四銭あれば一つは食えるが、一つ下さいとも云われないし」彼はそう諦めながら前を通り過ぎた。

Ｓの店での用は直ぐ済んだ。彼は真鍮《しんちゅう》の小さい分銅《ふんどう》《(おもり)》の幾つか入った妙に重味のある小さいボール函《ばこ》を一つ受取ってその店を出た。

彼は何かしら惹かれる気持で、もと来た道の方へ引きかえして来た。そして何気なく鮨屋の方へ折れようとすると、不図その四つ角《(よつつじ)》の反対側の横町に屋台で、同じ名の暖簾を掛けた鮨屋のある事を発見した。彼はノソノソと其方へ歩いて行った。

三

若い貴族院議員のＡは同じ議員仲間のＢから、鮨の趣味は握るそばから、手掴みで食う屋台の鮨でなければ解らないと云うような通《つう》を頻《しき》りに説かれた。Ａは何時かその立食いをやってみようと考えた。そして屋台の旨いと云う鮨屋を教わって置いた。

或日、日暮間もない時であった。Aは銀座の方から京橋を渡って、かねて聞いていた屋台の鮨屋へ行って見た。其処には既に三人ばかり客が立っていた。彼は一寸躊躇《ちゅうちょ》した。然し思い切ってとにかく暖簾を潜《くぐ》ったが、その立っている人と人との間に割り込む気がしなかったので、彼は少時《しばらく》暖簾を潜ったまま、人の後《うしろ》に立っていた。

その時不意に横合いから十三四の小僧が入って来た。小僧はAを押し退けるようにして、彼の前の僅な空《す》きへ立つと、五つ六つ鮨の乗っている前下がりの厚い欅板《けやきいた》の上を忙《せわ》しく見廻した。

「海苔巻《のりまき》はありませんか」

「ああ今日は出来ないよ」肥った鮨屋の主《あるじ》は鮨を握りながら、尚ジロジロと小僧を見ていた。

小僧は少し思い切った調子で、こんな事は初めてじゃないと云うように、勢よく手を延ばし、三つ程並んでいる鮪の鮨の一つを摘《つま》んだ。ところが、何故か小僧は勢よく延ばした割にその手をひく時、妙に躊躇した。

「一つ六銭だよ」と主が云った。

小僧は落すように黙ってその鮨を又台の上へ置いた。

「一度持ったのを置いちゃあ、仕様がねえな」そう云って主は握った鮨を置くと引きかえにそれを自分の手元へかえした。

小僧は何も云わなかった。小僧はいやな顔をしながら、その場が一寸動けなくなった。然し直ぐ或勇気を振るい起して暖簾の外へ出て行った。

「当今は鮨も上りましたからね。小僧さんには中々食べきれませんよ」主は少し具合悪そうにこんな事を云った。そして一つを握り終ると、その空《あ》いた手で今小僧の手をつけた鮨を器用に自分の口へ投げ込むようにして直ぐ食って了った。

四

「この間君に教わった鮨屋へ行って見たよ」

「どうだい」

「中々旨かった。それはそうと、見ていると、皆《みんな》こう云う手つきをして、魚の方を下にして一ぺんに口へ抛《ほう》り込《こ》むが、あれが通なのかい」

「まあ、鮪は大概ああして食うようだ」

「何故魚の方を下にするのだろう」

「つまり魚が悪かった場合、舌へヒリリと来るのが直ぐ知れるからなんだ」

「それを聞くとBの通も少し怪しいもんだな」

Aは笑い出した。

Aはその時小僧の話をした。そして、

「何だか可哀想だった。どうかしてやりたいような気がしたよ」と云った。

「御馳走してやればいいのに。幾らでも、食えるだけ食わしてやると云ったら、さぞ喜んだろう」

「小僧は喜んだろうが、此方《こっち》が冷汗ものだ」

「冷汗？つまり勇気がないんだ」

「勇気かどうか知らないが、ともかくそう云う勇気は一寸出せない。直ぐ一緒に出て他所《よそ》で御馳走するなら、まだやれるかも知れないが」

「まあ、それはそんなものだ」とBも賛成した。

五

Ａは幼稚園に通っている自分の小さい子供が段々大きくなって行くのを数《すう》の上で知りたい気持から、風呂場へ小さな体量秤を備えつける事を思いついた。そして或日彼は偶然神田の仙吉のいる店へやって来た。

仙吉はＡを知らなかった。然しＡの方は仙吉を認めた。

店の横の奥へ通ずる三和土《たたき》[8]になった所に七つ八つ大きいのから小さいのまで荷物秤が順に並んでいる。Ａはその一番小さいのを選んだ。停車場《ていしゃじょう》や運送屋にある大きな物と全く同じで小さい、その可愛い秤を妻や子供がさぞ喜ぶ事だろうと彼は考えた。

番頭が古風な帳面を手にして、

「お届け先きは何方《どちら》様で御座いますか」と云った。

「そう……」とＡは仙吉を見ながら一寸考えて、「その小僧さんは今、手隙《てすき》かネ？」と云った。

「へえ別に……」

「そんなら少し急ぐから、私と一緒に来て貰えないかネ」

---

8) コンクリートで仕上《しあ》げた土間《どま》。

「かしこまりました。では、車へつけて直ぐお供をさせましょう」

Ａは先日御馳走出来なかった代り、今日何処かで小僧に御馳走してやろうと考えた。

「それからお所とお名前をこれへ一つお願い致します」金を払うと番頭は別の帳面を出して来てこう云った。

Ａは一寸弱った。秤を買う時、その秤の番号と一緒に買手の住所姓名を書いて渡さねばならぬ規則のある事を彼は知らなかった。名を知らしてから御馳走するのは同様如何にも冷汗の気がした。仕方なかった。彼は考え考え出鱈目の番地と出鱈目の名を書いて渡した。

六

客は加減をしてぶらぶらと歩いている。その二三間後《うしろ》から秤を乗せた小さい手車を挽《ひ》いた仙吉がついて行く。

或俥宿《くるまやど》[9]の前まで来ると、客は仙吉を待たせて中へ入って行った。間もなく秤は支度の出来た宿俥に積み移された。

---

9) 車夫を雇っておき、人力車《じんりきしゃ》や荷車《にぐるま》で運送することを業とする家。

「では、頼むよ。それから金は先で貰ってくれ。その事も名刺に書いてあるから」と云って客は出て来た。そして今度は仙吉に向って、「お前も御苦労。お前には何か御馳走してあげたいからその辺まで一緒においで」と笑いながら云った。

仙吉は大変うまい話のような、少し薄気味悪い話のような気がした。然し何しろ嬉しかった。彼はペコペコと二三度続け様にお辞儀をした。

蕎麦屋《そばや》の前も、鮨屋の前も、鳥屋の前も通り過ぎて了った。「何処へ行く気だろう」仙吉は少し不安を感じ出した。神田駅の高架線の下を潜って松屋の横へ出ると、電車通を越して、横町の或小さい鮨屋の前へ来てその客は立ち止った。

「一寸待ってくれ」こう云って客だけ中へ入り、仙吉は手車の梶《かじ》棒《ぼう》を下して立っていた。

間もなく客は出て来た。その後《あと》から、若い品のいいかみさんが出て来て、

「小僧さん、お入りなさい」と云った。

「私は先へ帰るから、充分食べておくれ」こう云って客は逃げるように急ぎ足で電車通の方へ行って了った。

仙吉は其処で三人前の鮨を平《たいら》げた。餓え切った痩せ犬が不時の食にありついたかのように彼はがつがつと忽《たちま》ちの間に平げて了った。他《ほか》に客がなく、かみさんが故《わざ》と障子を締《し》め切《き》って行ってくれたので、仙吉は見得《みえ》も何もなく、食いたいようにして鱈腹《たらふく》に食う事が出来た。

茶をさしに来たかみさんに、

「もっとあがれませんか」と云われると、仙吉は赤くなって、

「いえ、もう」と下を向いて了った。そして、忙しく帰り支度を始めた。

「それじゃあネ、又食べに来て下さいよ。お代《だい》はまだ沢山頂いてあるんですからネ」

仙吉は黙っていた。

「お前さん、あの旦那とは前からお馴染《なじみ》なの？」

「いえ」

「へえ……」こう云って、かみさんは、其処へ出て来た主と顔を見合せた。

「粋《いき》な人なんだ。それにしても、小僧さん、又来てくれないと、此方が困るんだからネ」

仙吉は下駄を穿《は》きながら只無闇とお辞儀をした。

七

Aは小僧に別れると追いかけられるような気持で電車通に出ると、其処へ丁度通りかかった辻自動車《つじじどうしゃ》[10]を呼び止めて、直ぐBの家へ向った。

Aは変に淋しい気がした。自分は先の日小僧の気の毒な様子を見て、心から同情した。そして、出来る事なら、こうもしてやりたいと考えていた事を今日は偶然の機会から遂行《すいこう》出来たのである。小僧も満足し、自分も満足していい筈だ。人を喜ばす事は悪い事ではない。自分は当然、或喜びを感じていいわけだ。ところが、どうだろう、この変に淋しい、いやな気持は。何故だろう。何から来るのだろう。丁度それは人知れず悪い事をした後《あと》の気持に似通っている。

若しかしたら、自分のした事が善事だと云う変な意識があって、それを本統の心から批判され、裏切られ、嘲《あざけ》られているの

10) タクシーの旧称。

が、こうした淋しい感じで感ぜられるのかしら？もう少し仕《し》た事を小さく、気楽に考えていれば何でもないのかも知れない。自分は知らず知らずこだわっているのだ。然しとにかく恥づべき事を行ったというのではない。少くとも不快な感じで残らなくてもよさそうなものだ、と彼は考えた。

その日行く約束があったのでＢは待っていた。そして二人は夜になってから、Ｂの家の自動車で、Ｙ夫人の音楽会を聴きに出掛けた。

晩くなってＡは帰って来た。彼の変な淋しい気持はＢと会い、Ｙ夫人の力強い独唱を聴いている内に殆ど直って了った。

「秤どうも恐れ入りました」細君は案《あん》の定《じょう》(果たして)、その小形なのを喜んでいた。子供はもう寝ていたが、大変喜んだ事を細君は話した。

「それはそうと、先日鮨屋で見た小僧ネ、又《また》会ったよ」

「まあ。何処で？」

「はかり屋の小僧だった」

「奇遇ネ」

Ａは小僧に鮨を御馳走してやった事、それから、後《あと》、変に淋しい気持になった事などを話した。

「何故でしょう。そんな淋しいお気になるの、不思議ネ」善良な細君は心配そうに眉をひそめた。細君は一寸考える風だった。すると、不意に、「ええ、そのお気持わかるわ」と云い出した。

「そう云う事ありますわ。何でだか、そんな事あったように思うわ」

「そうかな」

「ええ、本統にそう云う事あるわ。Ｂさんは何て仰有って？」

「Ｂには小僧に会った事は話さなかった」

「そう。でも、小僧はきっと大喜びでしたわ。そんな思い掛ない御馳走になれば誰でも喜びますわ。私でも頂きたいわ。そのお鮨電話で取寄せられませんの？」

八

仙吉は空車《からぐるま》を挽いて帰って来た。彼の腹は十二分に張っていた。これまでも腹一杯に食った事はよくある。然し、こんな旨いもので一杯にした事は一寸憶《おも》い出せなかった。

彼は不図《ふと》、先日京橋の屋台鮨屋で恥をかいた事を憶い出した。漸《ようや》くそれを憶い出した。すると、初めて、今日の御馳走がそれに或関係を持っている事に気がついた。若しかしたら、あの場に居たんだ、と思った。きっとそうだ。しかし自分のいる所をどうして知ったろう？これは少し変だ、と彼は考えた。そう云えば、今日連れて行かれた家はやはり先日番頭達の噂をしていた、あの家だ。全体どうして番頭達の噂まであの客は知ったろう？

仙吉は不思議でたまらなくなった。番頭達がその鮨屋の噂をするように、AやBもそんな噂をする事は仙吉の頭では想像出来なかった。彼は一途《いちず》(ひたすら)に自分が番頭達の噂話を聴いた、その同じ時の噂話をあの客も知っていて、今日自分を連れて行ってくれたに違いないと思い込んで了った。そうでなければ、あの前にも二三軒鮨屋の前を通りながら、通り過ぎて了った事が解らないと考えた。

とにかくあの客は只者《ただもの》(普通の人)ではないと云う風に段々考えられて来た。自分が屋台鮨屋で恥をかいた事も、番頭達があの鮨屋の噂をしていた事も、その上第一自分の心の中まで見透《みとお》して、あんなに充分、御馳走をしてくれた。到底それは人間業ではないと考えた。神様かも知れない。それでなければ仙人だ。若しかしたらお稲《い》荷《なり》[11]様かも知れない、と考えた。

11）五穀《ごこく》をつかさどる食物の神、倉稲魂神《うかのみたまのかみ》のこと。また、倉稲魂神を祭っ

彼がお稲荷様を考えたのは彼の伯母で、お稲荷様信仰[12]で一時気違いのようになった人があったからである。お稲荷様が乗り移ると身体をブルブル震《ふる》わして、変な予言をしたり、遠い所に起った出来事を云い当てたりする。彼はそれをある時見ていたからであった。然しお稲荷様にしてはハイカラなのが少し変にも思われた。それにしろ、超自然なものだと云う気は段々強くなって行った。

九

Ａの一種の淋しい変な感じは日と共に跡方なく消えて了った。然し、彼は神田のその店の前を通る事は妙に気がさして《(気が咎めて)》出来なくなった。のみならず、その鮨屋にも自分から出掛ける気はしなくなった。

「丁度よう御座んすわ。自《う》家《ち》へ取り寄せれば、皆もお相伴《しょうばん》[13]出

た、稲荷神社。

12) 稲荷神、および稲荷神社に対する信仰。田の神の信仰など稲作《いなさく》との結びつきが強く、後《ご》世《せ》は商売繁盛《はんじょう》の守り神ともされる。

13) ①連れ立っていくこと。また、その連れの人。②饗応《きょうおう》の座に正客の連れとして同席し、もてなしを受けること。

来て」と細君は笑った。

するとAは笑いもせずに、

「俺のような気の小さい人間は全く軽々しくそんな事をするものじゃあ、ないよ」と云った。

十

仙吉には「あの客」が益々忘れられないものになって行った。それが人間か超自然のものか、今は殆《ほとん》ど問題にならなかった。只《ただ》無闇《むやみ》とありがたかった。彼は鮨屋の主人夫婦に再三云われたに拘《かかわ》らず再び其処へ御馳走になりに行く気はしなかった。そう附け上る事は恐ろしかった。

彼は悲しい時、苦しい時に必ず「あの客」を想った。それは想うだけで或慰めになった。彼は何時かは又「あの客」が思わぬ恵みを持って自分の前に現れて来る事を信じていた。

作者は此処で筆を擱《お》く事にする。実は小僧が「あの客」の本体《(正体)》を確めたい要求から、番頭に番地と名前を教えて貰って其処を尋ねて行く事を書こうと思った。小僧は其処へ行って見た。ところが、その番地には人の住いがなくて、小さい稲荷の祠《ほこら》があった。

小僧はびっくりした。—— とこう云う風に書こうと思った。然しそう書く事は小僧に対し少し惨酷な気がして来た。それ故作者は前の所で擱筆《かくひつ》[14]する事にした。

(一九二〇年)

14) スル筆を置いて書くことをやめること。文章を書きおえること。

井伏鱒二《いぶせますじ》

井伏鱒二(1898～1993)小説家。広島生まれ。独特のユーモアとペーソスを含んだ文体で、庶民生活を細かに描いた。[3]哀愁《あいしゅう》のにじむユーモアの中に鋭い風刺《ふうし》精神を込めた独特な作風を持つ。「山《さん》椒魚《しょううお》」「多《た》甚古《じんこ》村《むら》」「屋根の上のサワン」など多数の好短編があり、広島《ひろしま》の被爆《ひばく》悲劇を扱った「黒い雨」でより名声を高めた。

山椒魚

山椒魚《さんしょううお》は悲しんだ。

彼は彼の棲家《すみか》である岩屋《いわや》[1]から外に出てみようとしたのであるが、頭が出口につかえて外に出ることができなかったのである。今は最早《もはや》、彼にとっては永遠の棲家《すみか》である岩屋は、出入口のところがそんなに狭かった。そして、ほの暗かった《(薄暗かった)》。強《し》いて出て行こうとこころみると、彼の頭は出入口を塞《ふさ》ぐコロップの栓《せん》《(コルクの栓)》となるにすぎなくて、それはまる二年の間に彼の体が発育した証拠にこそはなったが、彼を狼狽《ろうばい》させかつ悲しませるには十分であったのだ。

「何たる《(なんという)》失策であることか!」

彼は岩屋のなかを許されるかぎり広く泳ぎまわってみようとした。人々は思いぞ屈せし《(気がふさいだ)》場合、部屋のなかを屡々《しばしば》こんな工合《(具合、調子。)》に歩きまわるものである。けれど山椒魚の棲家は、泳ぎまわるべくあま

---

1) 岩壁《がんぺき》に自然にできた洞穴《ほらあな》。また、岩に横穴《よこあな》を掘って住居としたもの。いわむろ。

りに広くなかった。彼は体を前後左右に動かすことができただけである。その結果、岩屋の壁は水あかにまみれて《(濡れ汚れて)》滑《なめ》らかに感触され、彼は彼自身の背中や尻尾《しっぽ》や腹に、ついに苔《こけ》が生えてしまったと信じた。彼は深い歎息《たんそく》をもらしたが、あたかも一つの決心がついたかのごとく呟《つぶや》いた。

「いよいよ出られないというならば、俺にも相当な考えがあるんだ」

しかし彼に何一つとしてうまい考えがある道理はなかったのである。

岩屋の天井には、杉苔《すぎごけ》と銭苔《ぜにごけ》とが密生して、銭苔は緑色の鱗《うろこ》でもって地所とり(小児の遊戯の一種)の形式で繁殖し、杉苔はもっとも細かくかつ紅色の花柄《かへい》[2]の尖端に、可憐《かれん》な花を咲かせた。可憐な花は可憐な実を結び、それは隠花《いんか》植物[3]の種子散布の法則通り、間もなく花粉を散らしはじめた。

山椒魚は、杉苔や銭苔を眺めることを好まなかった。寧《むし》ろそれ

---

2) 花軸《かじく》から分かれ出て、その先端《せんたん》に花をつける小さな枝。

3) 花をつけないで胞子《ほうし》で繁殖する植物。シダ類・コケ類・菌類《きんるい》・藻類《そうるい》など、種子植物以外のすべての植物。胞子植物。

等を疎《うと》んじさえした。杉苔の花粉はしきりに岩屋のなかの水面に散ったので、彼は自分の棲家の水が汚れてしまうと信じたからである。剰え《あまつさ》岩《(おまけに)》や天井の凹《くぼ》みには、一群《むれ》ずつの黴《かび》さえも生えた。黴は何と愚かな習性を持っていたことであろう。常に消えたり生えたりして、絶対に繁殖して行こうとする意志はないかのようであった。山椒魚は岩屋の出入口に顔をくっつけて、岩屋の外の光景を眺めることを好んだのである。ほの暗い場所から明るい場所をのぞき見することは、これは興味深いことではないか。そして小さな窓からのぞき見するときほど、常に多くの物を見ることはできないのである。

谷川というものは、滅茶苦茶《めちゃくちゃ》な急流となって流れ去ったり、意外なところで大きな淀《よど》みをつくっているらしい。山椒魚は岩屋の出入口から、谷川の大きな淀みを眺めることができた。そこでは水底に生えた一叢《ひとむら》の藻《も》《(ひとかたまりの水草)》が朗らかな発育を遂げて、一本ずつの細い茎でもって水底から水面まで一直線に伸びていた。そして水面に達すると突然その発育を中止して、水面から空中に藻の花をのぞかせているのである。多くの目高《めだか》達は、藻の茎の間を泳ぎぬけることを好んだらしく、彼等は茎の林のなかに群れをつくって、互いに流れに押し流されまいと努力した。そして彼等の一群は右によろめいたり左によろめいたりして、彼等のうちの或る一ぴきが誤って左によろめくと、他の多くのものは他のものに後《おく》れまいとして一せいに左によろめいた。若《も》し或る一ぴきが藻の茎に邪魔されて右によろめかなければならなったとすれば、他の多くの小魚達はことごとく、ここを先途《せんど》と右《(せとぎわ)》によろめくのである。それ故、彼等のうちの或る一ぴきだけが、他の多くの仲間から自由に遁走《とんそう》して行く《(逃げ出していく)》ことは甚《はなは》だ困難であるらしかった。

山椒魚はこれ等の小魚達を眺めながら、彼等を嘲笑《ちょうしょう》してしまった。

「なんという不自由千万な奴等であろう!」

淀みの水面は絶えず緩慢《かんまん》な渦を描いていた。それは水面に散った一片の白い花弁によって証明できることであろう。白い花弁は淀みの水面に広く円周を描きながら、その円周を次第に小さくして行った。そして速力をはやめた。最後に、極めて小さな円周を描いたが、その円周の中心点に於て、花弁自体は水のなかに吸いこまれてしまった。

山椒魚は今にも目がくらみそうだと呟《つぶや》いた。

或る夜、一ぴきの小蝦《こえび》が岩屋のなかへまぎれ込んだ。この小動物は今や産卵期のまっただなかにあるらしく、透明な腹部一ぱいにあたかも雀の稗草《ひえくさ》の種子《たね》に似た卵を抱えて、岩壁《がんぺき》にすがりついた。そうして細長いその終りを見届けることができないように消えている触手をふり動かしていたが、いかなる料簡《りょうけん》であるか彼女《かれ》は岩壁から跳びのき《(身をかわしてしりぞき)》、二三回ほど巧みな宙返りをこころみて、今度は山椒魚の横っ腹にすがりついた。

山椒魚は小蝦がそこで何をしているのか、ふりむいて見てやりたい衝動を覚えたが、彼は我慢した。ほんの少しでも彼が体を動かせば、この小動物は驚いて逃げ去ってしまったであろう。

「だが、このみもちの虫けら[4]同然のやつは、一たいここで何をしているのだろう?」

この一ぴきの蝦は山椒魚の横腹を岩石だと思い込んで、そこに卵を産みつけていたのに相違ない。さもなければ、何か一生懸命に物思いに耽《ふけ》っていたのであろう。

山椒魚は得意げに云った。

4) 虫類を卑《いや》しめていう語。また、小さくて取るに足りないものの意で、人をも卑しめていう。

「くったくしたり物思いに耽ったりするやつは、莫迦《ばか》だよ」

彼はどうしても岩屋の外に出なくてはならないと決心した。いつまでも考え込んでいるほど愚かなことはないではないか。今は冗談ごとの場合ではないのである。

彼は全身の力を込めて岩屋の出口に突進した。けれど彼の頭は出口の穴につかえて、そこに厳しくコロップの栓をつめる結果に終わってしまった。それ故、コロップを抜くためには、彼は再び全身の力を込めて、うしろに身を退かなければならなかったのである。

この騒ぎのため、岩屋のなかではおびただしく水が汚れ、小蝦の狼狽《ろうばい》といっては並たいてい《(なみなみ、ひととおり)》ではなかった。けれど小蝦は、彼女《かれ》が岩石であろうと信じていた棍棒《こんぼう》の一端が、いきなりコロップの栓となったり抜けたりした光景に、ひどく失笑してしまった。全く蝦くらい濁った水のなかでよく笑う生物はいないのである。

山椒魚は再びこころみた。それは再び徒労に終わった。何としても彼の頭は穴につかえたのである。

彼の目から涙がながれた。

「ああ神様!　あなたはなさけない《(おもいやりがない)》ことをなさいます。たった二年間ほど私がうっかりして《(ぼんやりして)》いたのに、その罰として、一生涯この窖《あなぐら》に私を閉じこめてしまうとは横暴であります。私は今にも気が狂いそうです」

諸君は、発狂した山椒魚を見たことがないであろうが、この山椒魚に幾らかその傾向がなかったとは誰がいえよう。諸君は、この山椒魚を嘲笑してはいけない。すでに彼が飽きるほど暗黒の浴《よく》槽《そう》につかりすぎて、最早がまんがならないでいるのを、諒解《りょうかい》してやらなければならない。いかなる瘋癲病者《ふうてんびょうしゃ》も、自分の幽閉されている部屋から解放してもらいたいと絶えず願っているではないか。最も人間嫌いな囚人《しゅうじん》さえも、これと同じことを欲しているではないか。

「ああ神様、どうして私だけがこんなにやくざな身の上《(まともでない境遇、運命)》でなければならないのです?」

岩屋の外では、水面に大小二ひきの水すましが遊んでいた。彼等は小なるものが大なるものの背中に乗っかり、彼等は唐突な蛙《かえる》の出現に驚かされて、直線を出《で》鱈《たら》目《め》に《(でまかせに)》折りまげた形に逃げまわった。蛙は水底から水面にむかって勢いよく律《りつ》《(おきて、きまり)》をつくって突進したが、その三角形の鼻先を空中に現わすと、水底にむかって再び突進したのである。

山椒魚はこれ等の活溌な動作と光景とを感激の瞳《ひとみ》で眺めていたが、やがて彼は自分を感動させるものから、寧《むし》ろ目を避けた方がいいということに気がついた。彼は目を閉じてみた。悲しかった。彼は彼自身のことを譬《たと》えばブリキ[5)]の切屑《きりくず》であると思ったのである。

誰しも自分自身をあまり愚かな言葉で譬えてみることは好まないであろう。ただ不幸にその心をかきむしられる者のみが、自分自身はブリキの切屑だなどと考えてみる。たしかに彼等は深くふところ手をして物思いに耽ったり、手ににじんだ汗をチョッキの胴で拭《ぬぐ》ったりして、彼等ほど各々好みのままの恰好《かっこう》をしがちなものはないのである。

山椒魚は閉じた目蓋《まぶた》を開こうとしなかった。何となれば、彼には目蓋を開いたり閉じたりする自由とその可能とが与えられていただけであったからなのだ。

その結果、彼の目蓋のなかではいかに合点のゆかないことが生じたではなかったか！目を閉じるという単なる形式が、巨大な暗やみを決定してみせたのである。その暗やみは際限もなく広がった

5）薄い鋼板に錫《すず》をめっきしたもの。

深淵《しんえん》であった。誰しもこの深淵の深さや広さを言いあてることはできないであろう。

—— どうか諸君に再びお願いがある。山椒魚がかかる常識に没頭することを軽蔑《けいべつ》しないでいただきたい。牢獄《ろうごく》の見張人といえども、よほど気難しい時でなくては、終身懲役の囚人が徒《いたず》らに(むだに、意味もなく)歎息をもらしたからといって叱りつけはしない。

「ああ寒いほど独りぼっちだ！」

注意深い心の持主であるならば、山椒魚のすすり泣きの声が岩屋の外にもれているのを聞きのがしはしなかったであろう。

悲嘆《ひたん》にくれているものを、いつまでもその状態に置いとくのは、よしわるし(よしあし)である。山椒魚はよくない性質を帯びて来たらしかった。そして或る日のこと、岩屋の窓からまぎれこんだ一ぴきの蛙を外に出ることができないようにした。蛙は山椒魚の頭が岩屋の窓にコロップの栓となったので、狼狽のあまり岩壁によじのぼり、天井にとびついて銭苔《ぜにごけ》の鱗《うろこ》にすがりついた。この蛙というのは淀みの水底から水面に、水面から水底に、勢いよく往来して山椒魚を羨《うらや》しがらせたところの蛙である。誤って滑り落ちれば、そこには山椒魚の悪党が待っている。

山椒魚は相手の動物を、自分と同じ状態に置くことのできるのが痛快であったのだ。

「一生涯ここに閉じ込めてやる！」

悪党の呪《のろ》い言葉は或る期間だけでも効験《こうけん》がある。蛙は注意深い足どりで凹《くぼ》みにはい上がった。そして彼は、これで大丈夫だと信じたので、凹《くぼ》みから顔だけ現わして次のように言った。

「俺は平気だ」

「出て来い！」

と山椒魚は呶鳴《どな》った。そうして彼等は激しい口論をはじめたのである。

「出て行こうと行くまいと、こちらの勝手だ」

「よろしい、いつまでも勝手にしろ」

「お前は莫迦《ばか》だ」

「お前は莫迦だ」

彼等は、かかる言葉を幾度となく繰返した。翌日も、その翌日も、同じ言葉で自分を主張し通していたわけである。

一年の月日が過ぎた。

初夏の水や温度は、岩屋の囚人達をして鉱物から生物に蘇《よみがえ》らせた。そこで二個の生物は、今年の夏いっぱいを次のように口論しつづけたのである。山椒魚は岩屋の外に出て行くべく頭が肥大しすぎていたことを、すでに相手に見ぬかれてしまっていた。

「お前こそ頭がつかえて、そこから出て行けないだろう?」

「お前だって、そこから出ては来れまい」

「それならば、お前から出て行ってみろ」

「お前こそ、そこから降りて来い」

更に一年の月日が過ぎた。二個の鉱物は、再び二個の生物に変化した。けれど彼等は、今年の夏はお互いに黙り込んで、そしてお互いに自分の歎息《たんそく》が相手に聞こえないように注意していたのである。

ところが山椒魚よりも先に、岩の凹みの相手は、不注意にも深い嘆息をもらしてしまった。それは「ああああ」という最も小さな風の音であった。去年と同じく、しきりに杉苔の花粉の散る光景が彼の嘆息を唆《そそのか》したのである。

山椒魚がこれを聞きのがす道理はなかった。彼は上の方を見上げ、かつ友情を瞳に罩《こ》めてたずねた。

「お前は、さっき大きな息をしたろう?」

相手は自分を鞭撻《べんたつ》して答えた。

「それがどうした?」

「そんな返辞をするな。もう、そこから降りて来てもよろしい」

「空腹で動けない」

「それでは、もう駄目なようか？」

相手は答えた。

「もう駄目なようだ」

よほど暫くしてから山椒魚はたずねた。

「お前は今どういうことを考えているようなのだろうか?」

相手は極めて遠慮がちに答えた。

「今でもべつにお前のことをおこってはいないんだ」

(一九二三年)

梶井基次郎《かじいもとじろう》

梶井基次郎(1901～1932)小説家。大阪生まれ。苦しい闘病生活の中から虚無と倦怠《けんたい》の青春を描いた。胸を病みながらも冷静に自己を凝視し、鋭い観察と繊細《せんさい》な感受性と感覚的表現で「檸檬《れもん》」「城のある町にて」「冬の蝿《はえ》」など珠玉の短編を残した。

檸 檬

えたいの知れない不吉な塊《かたまり》が私の心を始終圧えつけていた。焦燥と云《い》おうか、嫌悪と云おうか —— 酒を飲んだあとに宿酔《ふつかよい》があるように、酒を毎日飲んでいると宿酔に相当した時期がやって来る。それが来たのだ。これはちょっといけなかった。結果した肺尖《はいせん》カタル1)や神経衰弱がいけないのではない。また背を焼くような借金などがいけないのではない。いけないのはその不吉な塊だ。以前私を喜ばせたどんな美しい音楽も、どんな美しい詩の一節も辛抱《しんぼう》《(がまん)》がならなくなった。蓄音器を聴かせて貰いにわざわざ出かけて行っても、最初の二三小節で不意《(突然)》に立ち上ってしまいたくなる。何かが私を居堪《いたたま》らずさせるのだ《(その場にじっといられないようにさせるのだ。)》。それで始終私は街から街を浮浪し続けていた。

---

1) 肺の先端部におきる結核症。肺結核《はいけっかく》の初期症状《しょうじょう》。また、肺結核が治《なお》りにくかった時代には、ぼかしていうのにも使われた。

何故《なぜ》だかその頃私は見すぼらしくて美しいものに強くひきつけられたのを覚えている。風景にしても壊れかかった街だとか、その街にしてもよそよそしい《(親しみがない)》表通りよりもどこか親しみのある、汚い洗濯物が干してあったりがらくた[2]が転してあったりむさくるしい部屋が覗いていたりする裏通りが好きであった。雨や風が蝕《むしば》んでやがて土に帰ってしまう、と云ったような趣《おもむ》きのある街で、土塀《どべい》が崩れていたり家並《いえなみ》が傾きかかっていたり —— 勢いのいいのは植物だけで、時とすると《(場合によっては、たまに)》吃驚《びっくり》させるような向日葵《ひまわり》があったりカンナが咲いていたりする。

時どき私はそんな路を歩きながら、ふと、そこが京都ではなくて京都から何百里も離れた仙台《せんだい》とか長崎とか —— そのような市へ今自分が来ているのだ —— という錯覚を起そうと努める。私は、出来ることなら京都から逃出して誰一人知らないような市へ行ってしまいたかった。第一に安静。がらんとした旅館の一室。清浄な蒲団《ふとん》。匂いのいい蚊帳《かや》と糊《のり》のよくきいた浴衣《ゆかた》。そこで一月程《ほど》何も思わず横になりたい。希《ねが》わくは《(望むところは)》ここが何時《いつ》の間にかその市になっているのだったら。—— 錯覚がようやく成功しはじめると

---

2) 使い道や値うちのなくなった雑多《ざった》な品物《しなもの》や道具類。

私はそれからそれへ想像の絵具《えのぐ》を塗りつけてゆく。何のことはない、私の錯覚と壊れかかった街との二重写しである。そして私はその中に現実の私自身を見失うのを楽しんだ。

私はまたあの花火という奴が好きになった。花火そのものは第二段《(二番目)》として、あの安っぽい絵具で赤や紫や黄や青や、様ざまの縞模様《しまもよう》を持った花火の束、中山寺の星下り《(三つとも花火の名前)》、花合戦、枯れすすき。それから鼠《ねずみ》花火というのは一つずつ輪になっていて箱に詰めてある。そんなものが変に私の心を唆《そそ》った。

それからまた、びいどろ《(ガラスの古い呼び方)》という色硝子《がらす》で鯉《こい》や花を打出してあるおはじき[3]が好きになったし、南京玉《なんきんだま》[4]が好きになった。またそれを嘗《な》めて見るのが私にとって何ともいえない享楽だったのだ。あのびいどろの味程《ほど》幽《かす》かな涼しい味があるものか。私は幼い時よくそれを口に入れては父母に叱《し》られたものだが、その幼時のあまい記憶が大きくなって落魄《おちぶ》れた私に蘇《よみがえ》ってくる故《ゆえ》だろうか、全くあの

---

3) 平たいガラス製・陶製《とうせい》の小さい玉などをばらまき、一人ずつ順番に指先ではじいて当てたものを取り合う女の子の遊び。また、その貝殻《かいがら》など。今は多く平たいガラス製のものを使う。

4) 陶製やガラス製の小さい玉。糸を通す穴があり、指輪《ゆびわ》や首飾《くびかざ》り刺繍《ししゅう》の材料などにする。ビーズ。

味には幽《かす》かな爽《さわや》かな何となく詩美と云ったような味覚が漂《ただよ》って来る。

察しはつく《(おしはかること)》だろうが私にはまるで金がなかった。とは云えそんなものを見て少しでも心の動きかけた時の私自身を慰《なぐさ》める為には贅沢《ぜいたく》ということが必要であった。二銭や三銭のもの —— と云って贅沢なもの。美しいもの —— と云って無気力な私の触角に寧《むし》ろ媚《こ》びて来るもの。—— そう云ったものが自然私を慰めるのだ。

生活がまだ蝕《むしば》まれていなかった以前私の好きであった所は、例えば丸善《まるぜん》5)であった。赤や黄のオードコロン《(明治から流行した香水の一種。)》やオードキニン。洒落《しゃれ》た切子《きりこ》細工6)や典雅なロココ7)趣味の浮模様を持った琥珀《こはく》色や翡《ひ》翠《すい》色の香水壜《びん》。煙管《きせる》、小刀、石鹸《せっけん》、煙草《たばこ》。私はそんなものを見るのに小一時間も費すことがあった。そして結局一等いい鉛筆を一

---

5) 京都の四条《しじょう》河原町にあった丸善。丸善：和洋《わよう》書籍、文具などの販売と出版業を営む老舗《しにせ》。特に洋書の輸入販売で知られる。一八六九年福沢諭吉《ふくざわゆきち》門下の早矢仕有的《はやしゆうてき》が横浜《よこはま》に丸善商社を創立、洋書・薬局などの輸入・販売を行ったのが始まり。

6) 切子：「切り子ガラス」の略。カットグラスのこと。

7) (rococo)18世紀、ルイ15世時代のフランスを中心に欧州《おうしゅう》で流行した美術様式。バロックに次ぎ新古典主義に先立つもので、室内装飾《そうしょく》から建築・絵画・工芸・彫刻《ちょうこく》に及ぶ。

本買うくらいの贅沢をするのだった。しかしここももうその頃の私にとっては重くるしい場所にすぎなかった。書籍、学生、勘定台、これらはみな借金取の亡霊のように私には見えるのだった。

ある朝 —— その頃私は甲の友達から乙の友達へという風に友達の下宿を転々として暮していたのだが —— 友達が学校へ出てしまったあとの空虚な空気のなかにぽつねんと一人取残された。私はまたそこから彷徨《さまよ》い出なければならなかった。何かが私を追いたてる。そして街から街へ、先に云ったような裏通りを歩いたり、駄菓子《だがし》屋の前で立留《たちどま》ったり、乾物屋《かんぶつや》の乾蝦《ほしえび》や棒鱈《ぼうだら》[8]や湯葉《ゆば》[9]を眺めたり、とうとう私は二条《にじょう》の方へ寺町《てらまち》を下《さが》り、そこの果物屋で足を留めた。ここでちょっとその果物屋を紹介したいのだが、その果物屋[10]は私の知っていた範囲で最も好きな店であった。そこは決して立派な店ではなかったのだが、果物屋固有の美しさが最も露骨に感ぜられた。果物はかなり勾配《(傾斜)》の急な台の上に並べて

---

8) 乾鱈の一種。真鱈《まだら》(대구)を背から三枚におろし、頭と背側とを除き、よく洗って日光に乾かしたもの。

9) 豆乳を煮《に》たときに上面にできる薄黄色の皮膜《ひまく》をすくい取ったもの。生《なま》湯葉と干し湯葉があり、吸い物・煮物《にもの》などに用いる。うば。

10) 京都府寺町通二条の角にある「八百卯」としていまも営業している。

あって、その台というのも古びた黒い漆《うるし》塗《ぬ》りの板だったように思える。何か華やかな美しい音楽の快速調《アッレグロ》[11]の流れが、見る人を石に化したというゴルゴン[12]の鬼面 —— 的なものを差しつけられて《(つきつけられて)》、あんな色彩やあんなヴォリウムに凝《こ》り固まったという風に果物は並んでいる。青物もやはり奥へゆけばゆく程堆《うず》高《たか》く積まれている。—— 実際あそこの人参《にんじん》葉《ば》の美しさなどは素晴しかった。それから水に漬けてある豆だとか慈姑《くわい》だとか。

またそこの家の美しいのは夜だった。寺町通は一体に賑かな通りで —— と云って感じは東京や大阪よりはずっと澄んでいるが —— 飾窓《かざりまど》[13]の光がおびただしく街路へ流れ出ている。それがどうした訳かその店頭の周囲だけが妙に暗いのだ。もともと片方は暗い二条通に接している街角《まちかど》《(町の通りの曲がりかど。)》になっているので、暗いのは当然であったが、その隣家が寺町通にある家にも拘《かかわ》らず暗かったのが瞭然《はっきり》しない。然しその家が暗くなかったら、あんなにも私を誘惑

---

11) Allegro イタリア語。音楽用語。

12) Gorgonギリシア神話中の怪物《かいぶつ》の三姉妹、ステノ・エウリュアレー・メドゥサの総称。頭髪《とうはつ》は蛇で、黄金の翼《つばさ》をもち、目は人を石に化《け》す力があったという。このうちメドゥサのみが不死でなく、英雄ペルセウスに殺された。

13) ショウウインドウのこと。

するには至らなかったと思う。もう一つはその家の打ち出した廂《ひさし》なのだが、その廂が眼深に冠《かぶ》った帽子の廂のように —— これは形容というよりも、「おや、あそこの店は帽子の廂をやけに《(やたらに)》下げているぞ」と思わせる程なので、廂の上はこれも真暗なのだ。そう周囲が真暗なため、店頭に点《つ》けられた幾つもの電灯が驟雨《しゅうう》《(にわか雨)》のように浴せかける絢爛《けんらん》は、周囲の何者にも奪われることなく、肆《ほしいまま》にも美しい眺めが照し出されているのだ。裸の電灯が細長い螺旋棒《らせんぼう》をきりきり眼の中へ刺し込んで来る往来に立って、また近所にある鎰《かぎ》屋[14]の二階の硝子窓をすかして眺めたこの果物店の眺め程、その時どき《(その時その時)》の私を興《おもしろ》がらせたものは寺町の中でも稀だった。

その日私はいつになくその店で買物をした。というのはその店には珍らしい檸檬が出ていたのだ。檸檬など極くありふれている。がその店というのも見すぼらしくはないまでもただあたりまえ《(普通)》の八百屋に過ぎなかったので、それまであまり見かけたことはなかった。一体私はあの檸檬が好きだ。レモンエロウの絵具をチューブから搾《しぼ》り出して固めたようなあの単純な色も、それからあの丈《たけ》の詰った《(長さがちぢまった)》紡錘形《ぼうすいけい》の恰好《かっこう》も。—— 結局私はそれを一つだけ買

14) 京都の当時二条にあった菓子屋。二階は喫茶店《きっさてん》。

うことにした。それからの私はどこへどう歩いたのだろう。私は長い間街を歩いていた。始終私の心を圧《おさ》えつけていた不吉な塊がそれを握った瞬間からいくらか弛《ゆる》んで来たとみえて、私は街の上で非常に幸福であった。あんなに執拗《しつこ》かった憂鬱が、そんなものの一顆《いっか》《(一個)》で紛らされる —— 或いは不審なことが、逆説的な本当であった。それにしても心という奴は何という不可思議な奴だろう。

　その檸檬の冷たさはたとえようもなくよかった。その頃私は肺尖《はいせん》を悪くしていていつも身体に熱が出た。事実友達の誰彼《だれかれ》に私の熱を見せびらかす《(見せて自慢する、みせつける)》為に手の握り合いなどをしてみるのだが、私の掌《てのひら》が誰のよりも熱かった。その熱い故だったのだろう、握っている掌から身内《みうち》に浸み透ってゆくようなその冷たさは快いものだった。

　私は何度も何度もその果実を鼻に持って行っては嗅《か》いでみた。それの産地だというカリフォルニヤが想像に上って来る。漢文で習った「売柑者之言[15]」の中に書いてあった「鼻を撲《う》つ[16]」という言

---

15)『続文章軌範《きはん》』の中に収められている明《みん》の劉基《りゅうき》が書いた風刺文。杭州《こうしゅう》の柑売りの言に擬《ぎ》して、当時の文武大臣の無能を批判した。

16) 原文の内容は「干し乾《から》びた柑を高額な値段で買わされた人がそれを割ってみると、煙のようなものが出て、口や鼻をついた」とある。

葉が断《き》れぎれに浮んで来る。そしてふかぶかと胸一杯に匂《にお》やかな空気を吸込めば、ついぞ胸一杯に呼吸したことのなかった私の身体や顔には温い血のほとぼり《(熱気)》が昇って来て何だか身内に元気が目覚めて来たのだった。……

実際あんな単純な冷覚《れいかく》や触覚や嗅覚や視覚が、ずっと昔からこればかり探していたのだと云いたくなった程私にしっくりしたなんて私は不思議に思える —— それがあの頃のことなんだから。

私はもう往来を軽《かろ》やかな興奮に弾《はず》んで、一種誇《ほこ》りかな気持さえ感じながら、美的装束《しょうぞく》[17]をして街を闊歩《かつぽ》した詩人[18]のことなど思い浮べては歩いていた。汚れた手拭《てぬぐい》の上へ載せてみたりマントの上へあてがってみたりして色の反映を量《はか》ったり、またこんなことを思ったり、—— つまりはこの重さなんだな。——

その重さこそ常づね私が尋ねあぐんで[19]いたもので、疑いもなくこの重さは総ての善いもの総ての美しいものを重量に換算して

---

17) 衣服を身に着けること。装《よそ》うこと。また、その衣服。装い。いでたち。

18) イギリスの詩人、オスカー・ワイルドだという説と、ボードレールであるという説などがある。

19) 尋ねあぐむ：目的の場所を尋ねあてることができず、どうしたらよいか困る。「訪問先を—んで引き返す」

きた重さであるとか、思いあがった諧謔《かいぎゃく》心からそんな馬鹿げたことを考えて見たり —— 何がさて《(とにかく)》私は幸福だったのだ。

どこをどう歩いたのだろう、私が最後に立ったのは丸善の前だった。平常あんなに避けていた丸善がその時の私には易《やす》やすと入れるように思えた。

「今日は一つ[20]入って見てやろう」そして私はずかずか入って行った。

しかしどうしたことだろう、私の心を充していた幸福な感情はだんだん逃げて行った。香水の壜《びん》にも煙管《きせる》にも私の心はのしかかってはゆかなかった。憂鬱が立て罩《こ》めて来る、私は歩き廻った疲労が出て来たのだと思った。私は画本の棚の前へ行って見た。画集の重たいのを取り出すのさえ常に増して力が要《い》るな！と思った。然し私は一冊ずつ抜き出しては見る、そして開けては見るのだが、克明《(丹念に)》にはぐってゆく気持は更に湧いて来ない。しかも呪《のろ》われたことにはまた次の一冊を引き出して来る。それも同じことだ。それでいて一度バラバラとやって見なくては気が済まないのだ。そ

---

20) これから行動を起こそうとするときに用いる語。ちょっと。さあ。試しに。「—やってみよう」「—歌でもいかがですか」

れ以上は堪《たま》らなくなってそこへ置いてしまう。以前の位置へ戻すことさえ出来ない。私は幾度もそれを繰返した。とうとうおしまいには日頃から大好きだったアングル[21]の橙色《だいだいいろ》の重い本まで尚《なお》一層の堪え難さのために置いてしまった。――何という呪われたことだ。手の筋肉に疲労が残っている。私は憂欝になってしまって、自分が抜いたまま積み重ねた本の群を眺めていた。

以前にはあんなに私をひきつけた画本がどうしたことだろう。一枚一枚に眼を晒《さら》し終って後、さてあまりに尋常《じんじょう》な周囲を見廻すときのあの変にそぐわない気持を、私は以前には好んで味っていたものであった。……

「あ、そうだそうだ」その時私は袂《たもと》の中の檸檬を憶い出した。本の色彩をゴチャゴチャに積みあげて、一度この檸檬で試して見たら。「そうだ」

私にまた先程の軽やかな興奮が帰って来た。私は手当り次第に積みあげ、また慌《あわただ》しく潰《つぶ》し、また慌しく築きあげた。新しく引き

21) J.A..D.Ingres(1780～1867)フランスの画家。フランスの十九世紀の新古典派の代表。的確なデッサンと典雅《てんが》な形式美を特色とする歴史画・裸体画を描く。

抜いてつけ加えたり、取去ったりした。奇怪な幻想的な城が、その度《たび》に赤くなったり青くなったりした。

やっとそれは出来上った。そして軽く跳りあがる心を制しながら、その城壁《じょうへき》の頂《いただき》きに恐る恐る檸檬を据《す》えつけた。そしてそれは上出来だった。

見わたすと、その檸檬の色彩はガチャガチャした色の諧調《かいちょう》[22]をひっそりと紡錘形の身体の中へ吸収してしまって、カーンと冴えかえっていた。私は埃《ほこり》っぽい丸善の中の空気が、その檸檬の周囲だけ変に緊張しているような気がした。私はしばらくそれを眺めていた。

不意に第二のアイディアが起った。その奇妙なたくらみは寧《むし》ろ私をぎょっとさせた。

—— それをそのままにしておいて私は、何喰《く》わぬ顔[23]をして外へ出る。——

私は変にくすぐったい気持がした。「出て行こうかなあ。そうだ出て行こう」そして私はすたすた出て行った。

---

22) 調和のよくとれた音・調子。全体がしっくり溶け合った調子。
23) 何も知らないといった顔。そしらぬ顔。

変にくすぐったい気持が街の上の私を微笑《ほほえ》ませた。丸善の棚へ黄金色に輝く恐ろしい爆弾を仕《し》掛《かけ》て来た奇怪な悪漢が私で、もう十分後にはあの丸善が美術の棚を中心として大爆発をするのだったらどんなに面白いだろう。

私はこの想像を熱心に追求した。「そうしたらあの気詰りな丸善も粉葉《こっぱ》みじん24)だろう」

そして私は活動写真の看板画が奇体な趣きで街を彩っている京極《きょうごく》25)を下って行った。

(一九二五年)

24) 細かく粉々に砕け散ること。

25) 京都市の新京極の通称。現在ではもとの東京極、すなわち寺町の東の通りの三条・四条間を新京極といい、商店・映画館などが多い。

国木田独歩《くにきだどっぽ》

国木田独歩(1871～1908)詩人。小説家。千葉県生まれ。本名、哲夫。青年時代の彼は、カーライル、ワーズワスを愛読し、「驚異」の思想に支えられた自然観、文学観を育てた。大分県佐伯《さいき》での教師生活を経て、日清戦争では海軍従軍記者として「愛弟通信《あいていつうしん》」を書き文名を得た。恋愛結婚に破《やぶ》れてのち文学者の道を歩《あゆ》む。はじめ浪漫的《ろうまんてき》自然詩人として出発し、小説も自然美と人間の交感をとらえていたが、中期あたりから現実的・運命的作品が多くなり、やがて庶民《しょみん》の生活と人生の悲惨《ひさん》を描いた「窮死《きゅうし》」「竹の木戸』により自然主義の先駆《せんく》として目された。青春の記録である「欺《あざむ》かざるの記」をはじめ、「源叔父《げんおぢ》」「武蔵野《むさしの》」「忘れえぬ人々」「牛肉と馬鈴薯《ばれいしょ》」「運命論者」「春の鳥」など珠玉の作品がある。

春の鳥

一

今より六七年前、私《わたくし》は或《ある》地方に英語と数学の教師を為《し》ていたことが御座《ござ》います。その町に城山《しろやま》1)というのがあって大木《たいぼく》暗く茂《しげ》った山で、あまり高くはないが甚《はなは》だ風景に富んでいましたゆえ私は散歩がてら何時《いつ》もこの山に登りました。

頂上には城趾《しろあと》が残っています。高い石垣《いしがき》に蔦葛《つたかずら》2)からみ附いてそれが真紅《しんく》に染っている按排《あんばい》など得も言われぬ《(何とも言い表せないほどよい)》趣《おもむき》でした。昔は天主閣《てんしゅかく》3)の建《たっ》ていた処《ところ》が平地になって、何時《いつ》しか姫小松《ひめこまつ》4)疎《まばら》に生《お》いたち夏草隙間《すきま》なく茂り、見るからに昔を偲《しの》ばす哀れな様となっています。

私は草を敷《し》いて身を横たえ、数百年斧《おの》を入れたことのない欝《うつ》た

---

1) 大分県《おおいたけん》佐伯《さいき》にある山。

2) つる草(덩굴)の総称《そうしょう》。

3) 天守閣。城の本丸《ほんまる》に築かれた最も高い物見やぐら。「天守」に同じ。

4) 섬잣나무. ゴヨウマツ(오엽송. 잣나무)の別名。

る深林の上を見越しに近郊の田園を望んで楽んだことも幾度《いくど》であるか解《わか》りませんほどでした。

或日曜の午後と覚えています、時は秋の末で大空は水の如く澄んでいながら野分《のわけ》5)吹きすさんで城山の林は烈《はげ》しく鳴っていました。私は例の如《ごと》く頂上に登って、やや西に傾いた日影の遠村近郊を明《あか》く染めているのを見ながら、持って来た書籍《しょもつ》を読んでいますと、突然人の話声が聞えましたから石垣の端に出て下を見下《みおろ》しました。別に怪《あや》しい者でなく三人の小娘が枯枝を拾っているのでした。風が烈しいので得物《えもの》も多いかして沢山背《せなか》に負《しょっ》たまま猶《なお》も四辺《あたり》をあさっている(探し求めている)様子です。むつまじげに話しながら楽しげに歌いながら拾っています、それが何《いず》れも十二三、多分何村あたりの農家の子供でしょう。

私は暫時《しばらく》見下ろしていましたが、またもや書籍《しょもつ》の方に眼を移して何時か小娘のことは忘れて了《しま》いました。するとキャッという女の声、驚いて下を見ますと、三人の子供は何に愕《おそ》れたのか枯木を

---

5) ≪野の草を風が強く吹き分ける意≫秋から冬にかけて吹く暴風。特に、二百十日・二百二十日前後に吹く台風。「野分《のわ》き」に同じ。のわきのかぜ。

背負《しょっ》たままアタフタと逃げ出して忽《たちま》ち石垣の彼方《かなた》にその姿を隠して終《しま》いました。可怪《おかし》なことと私はその近処《きんじょ》を注意して見下していると、薄暗い森の奥から下草《したくさ》を分けながら道もない処を此方《こなた》へやって来る者があります。初《はじめ》は何物とも知れませんでしたが、森を出て石垣の下に現われた処を見ると、十一か十二歳と思わるる男の児《こ》です。紺の筒袖《つつそで》[6]を着て白木綿《しろもめん》の兵児帯《へこおび》[7]をしめている様子は農家《ひゃくしょう》の児でも町家[8]の者でもなさそうでした。

手に太い棒切を持って四囲《あたり》をきょろきょろ見廻していましたが、フト石垣の上を見上げた時思わず二人は顔を見合わしました。子供は熟と私の顔を見つめていましたが、やがてニヤリと笑いました。その笑が尋常《じんじょう》でない(普通でない)のです。生白《なまじろ》い丸顔の、眼のぎょろりとした様子までが唯《ただ》の子供でないと私は直ぐ見て取りました。

「先生。何を為ているの？」と私を呼びかけましたので私も一寸《ちょっと》驚きましたが、元来私の当時教師を務《つと》めていた町は極く小さな

---

6) 和服で、袂《たもと》がない筒形の袖《そで》。男児用または大人の日常着や労働着に用いられる。

7) ≪兵児《へこ》が用いたところから≫男子または子供用のしごき帯。へこ。
兵児《へこ》：①(鹿児島地方で)15歳以上、25歳以下の青年。②「兵児帯」の略

8) 町人の家。商人の家。商家。

城下《じょうか》9)ですから、私の方では自分の教児《おしえご》の外の人を余り知《しら》ないでも土地の者は都から来た年若い先生を大概知っているので、今この子供が私を呼びかけたも実は不思議はなかったのです。其処《そこ》へ気がつくや私も声を優《やさ》しゅうして(やさしくして)

「書籍《ほん》を読んでいるのだよ。此処《ここ》へ来ませんか。」と言うや、児童《こども》はイキなり石垣に手をかけて猿《さる》のように登りはじめました。高《たかさ》五間以上もある壁のような石垣ですから私は驚いて止めようと思っている中に早くも中程《なかほど》まで来て、手近の葛《かずら》に手が届くと、すらすらとこれを手繰《たぐ》って忽《たちま》ち私の傍《そば》に突立《つった》ちました。そしてニヤニヤと笑っています。

「名前は何と呼《い》うの？」と私は問いました。「六」「六？六さんというのかね。」と問いますと、児童《こども》は点頭《うなず》いたまま例の怪しい笑《わらい》を洩《もら》して口を少し開《あ》けたまま私の顔を気味の悪いほど熟視《みつめ》ているのです。

「何歳《いくつ》かね、歳《とし》は？」と私が問いますと、怪訝《けげん》な顔を為《し》ていますから、今《いま》一度問返しました。すると妙な口つきをして唇《くちびる》を動かし

---

9) 城下町に同じ。戦国時代から江戸時代にかけて、大名の居城《きょじょう》を中心に発達した市街《しがい》。

ていましたが急に両手を開いて指を屈《おっ》て一《ひ》、二《ふ》、三《み》と読んで十《とお》、十一と飛ばし、顔をあげて真面目《まじめ》に

「十一だ。」という様子は漸《やっ》と五歳《いつつ》位の児の、ようよう数《かず》を覚えたのと少しも変らないのです。そこで私も思わず「能《よ》く知っていますね。」「母上《おっか》さんに教《おそわ》ったのだ。」「学校へゆきますか。」「往《い》かない。」「何故《なぜ》往《い》かないの？」

児童は頭を傾《かし》げて向《むこう》を見ていますから考えているのだと私は思って待っていました。すると突然児童はワアワアと唖《おし》のような声を出して駈出《かけだ》しました。「六さん六さん」と驚いて私が呼止《よびと》めますと、

「烏々《からすからす》」と叫びながら後《あと》も振りむかないで天主台[10]を駈下《かけお》りて、忽ちその姿を隠くしてしまいました。

二

私はその頃下宿屋住《やどやずまい》でしたが、何分《なにぶん》不自由《(どうも)》で困りますから色々人に頼んで、遂に田口《たぐち》という人の二階二間《ふたま》を借り、衣食一切《いっさい》のこ

10）天守台。天守閣の土台。

とを任すことにしました。

田口というは昔の家老《かろう》[11]職《しょく》、城山の下に立派な屋敷を昔のままに構えて有福《ゆうふく》に暮していましたのでこの二階を貸し私を世話してくれたのは少《すくな》からぬ好意で在《あっ》たのです。

ところで驚いたのは田口に移った日の翌日、朝早く起きて散歩に出ようとすると城山で逢《あ》った児童《こども》が庭を掃いていたことです。私は

「六さん、お早う」と声をかけましたが、児童は私の顔を見てニヤリ笑ったまま草箒《くさぼうき》[12]で落葉を掃き、言葉を出しませんでした。

日の経《た》つ中にこの怪しい児童の身の上が次第に解《わ》かって来ました、と言うのは畢竟《ひっきょう》私が気をつけて見たり聞いたりしたからでしょう。

児童は名を六蔵《ろくぞう》と呼びまして、田口の主人《あるじ》には甥《おい》に当り、生《うま》れついての白痴《はくち》であったのです。母親というは四十五六、早く夫に分《わか》れまして実家《さと》に帰り、二人の児を連れて兄の世話になっていた

---

11) 中世、大名《だいみょう》の家臣《かしん》のうちの最重職。家中《かちゅう》を総括する職。また、その者。

12) 乾燥させたホウキグサ(댑싸리)の茎や枝を束ねて作ったほうき。(싸리비)

のであります。六蔵の姉はおしげと呼びその時十七歳、私の見るところではこれもまた白痴と言ってよいほど哀《あわ》れな女でした。

田口の主人《あるじ》も初《はじめ》の程《ほど》は白痴のことを隠しているようでしたが、何《な》にをいうにも隠し得ることで無いのですから終《つい》に或夜のこと私の室《へや》に来て教育の話の末に甥と姪《めい》の白痴であることを話しだし、どうにかしてこれに幾分の教育を加えることは出来ないものかと私に相談をしました。

主人《あるじ》の語るところに依《よ》るとこの哀れなきょうだいの父親というは非常な大酒家《たいしゅか》で、その為に生命《いのち》をも縮め、家産をも蕩尽《とうじん》したのだそうです。そして姉も弟《おとと》も初の中《うち》は小学校に出していたのが、二人とも何一つ学び得ずいくら教師が骨を折っても《(精出して働いても)》無益《むだ》で、到底他《ほか》の生徒と同時《いっしょ》に教えることは出来ず、徒《いたず》らに他の腕白《わんぱく》生徒の嘲弄《ちょうろう》の道具になるばかりですから、却《かえっ》て気の毒に思って退学をさしたのだそうです。

なるほど詳しく聞いてみると姉も弟《おとと》も全《まった》くの白痴であることが愈々明白《いよいよあきらか》になりました。

然《しかる》に主人《あるじ》の口からは言いませんが、主人の妹、即《すなわ》ちきょうだいの母親というも普通から見ると余程抜けている《(知恵が足りない)》人で、二人の小供《こども》の白痴の源因は父の大酒《たいしゅ》にもよるでしょうが、母の遺伝にも因《よ》ることは私はすぐ看破《かんぱ》しました。

白痴教育というが有ることは私も知っていますが、これには特別の知識の必要であることですから私も田口の主人の相談には浮《う》かと《（うっかりと）》乗りませんでした。ただその容易でないことを話しただけで止《よ》しました。

けれどもその後《ご》だんだんおしげと六蔵の様子を見ると、如何《いか》にも気の毒でたまりません。不具《ふぐ》の中にもこれほど哀れなものはないと思いました。唖《おし》、聾《つんぼ》、盲《めしい》などは不幸には相違ありません。言う能《あた》わざるもの、聞く能《あた》わざる者、見る能《あた》わざる者も、尚《な》お思うことは出来ます。思うて感ずることは出来ます。白痴となると、心の唖、聾、盲《めくら》ですから殆《ほと》ん《ほとん》ど禽獣《きんじゅう》に類《るい》しているのです。ともかく、人の形をしているのですから全く感じがない訳ではないが普通の人と比べては十の一にも及びません。又《ま》た不完全ながらも心の調子が整《ととの》うていればまだしもですが、更《さら》に歪《いびつ》になって出来ているのですから、様子が余程変です、泣くも笑うも喜《よろこ》ぶも悲《かなしむ》も皆《み》な普通の人から見ると調子が狂《くる》っているのだから猶《な》お哀れです。

おしげはともかく、六蔵の方は児童《こども》だけに無邪気《むじゃき》なところが有りますから、私は一倍哀れに感じ、人の力で出来ることならばどうにかして少しでもその智能の働きを増《ま》してやりたいと思うようになりました。

するとと田口の主人と話してから二週間も経《た》った後《のち》のこと、夜《よ》の十時ごろでした、最早《もう》床に就《つこ》うかと思っているところへ、

「先生、お寝《やすみ》ですか」と言いながら私の室《へや》に入って来たのは六蔵の母親です。背の低い、瘦形《やせがた》の、頭の小《ちさ》い、凸の顔《なかだか》13)、何時《いつ》も歯を染めている(おはぐろをつけている)14)昔風《むかしふう》の婦人《おんな》。口を少し開《あ》けて人のよさそうな、たわいのない笑いを何時もその眼尻《めじり》と口元に現わしているのがこの人の癖《くせ》でした。

「そろそろ寝ようかと思っているところです。」と私が言う中《うち》、婦人は火鉢《ひばち》の傍《そば》に坐《すわ》って

「先生私は少しお願《ねがい》が有るのですが。」と謂《い》って言い出しにくい様子。「何ですか。」「六蔵のことで御坐います。あのような馬鹿ですから将来《ゆくさき》のことも案じられて、それを思う私は自分の馬鹿を棚《たな》

---

13) 顔の中央が高い顔、鼻すじのとおった顔。

14) 歯を黒く染めること。上代から上流婦人の間に行われた風習。平安後期には公家《くげ》や武家《ぶけ》の男子も行い、のち民間にも流行し、江戸時代には既婚婦人のしるしとなった。かねつけ。

に上げて、六蔵のことが気にかかってならないので御坐います。」

「御《ご》尤《もっとも》です。けれどもそうお案《あん》じなさるほどのことも有《あ》りますまい。」とツイ私も慰《なぐさ》めの文句を言うのは矢《や》張《はり》人情でしょう。

三

私はその夜だんだんと母親の言うところを聞きましたが何よりも感じたのは親子の情ということでした。前にも言った通りこの婦人とても余程抜《ぬ》けていることは一見して解るほどですが、それが我子《わがこ》の白痴を心配することは普通の親と少しも変らないのです。

そして母親もまた白痴に近いだけ、私は益々《ますます》憐《あわれ》を催《もよお》しました。思わず私も貰《もら》い泣きをした位でした。

其処《そこ》で私は六蔵の教育に骨を折ってみる約束をして気の毒な婦人を帰えし、その夜は遅くまで、いろいろと工夫《くふう》を凝《こ》らしました。さてその翌日からは散歩ごとに六蔵を伴《ともな》うことにして、機《き》に応《(状況)》じて幾分《いくら》かずつ智能の働きを加えることに致しました。

第一に感じたのは六蔵に数の観念が欠《か》けていることです。一から十までの数がどうしても読めません。幾度《いくど》も繰返《くりかえ》して教えれば、二、三と十まで口で読み上げるだけのことは為《し》ますが、路傍《みちばた》の石塊《いしころ》を拾うて三個《みっつ》並べて、幾個《いくつ》だとききますと考えてばかりいて返事を為ないのです。無理にきくと初は例の怪しげな笑方をしていますが後《のち》には泣きだしそうになるのです。

私も苦心に苦心を積《つ》み、根気よく務《つと》めていました。或時は八幡宮《はちまんぐう》15)の石段を数えて昇《のぼ》り、一《ひ》、二《ふ》、三《み》と進んで七《なな》つと止《とま》り、七だよと言い聞《きか》して、さて今の石段は幾個《いくつ》だとききますと、大きな声で十と答える始末です。松の並木を数えても、菓子《かし》を褒美《ほうび》にその数を教えても、結果は同じことです。一《ひ》、二《ふ》、三《み》という言葉と、その言葉が示す数の観念とは、この児童《こども》の頭に何の関係をも有《も》っていないのです。

白痴に数《すう》の観念の欠けていることは聞いてはいましたが、これほどまでとは思いもよらず、私も或時は泣きたい程に思い、児童の顔を見つめたまま涙が自然《ひとりで》に落ちたこともありました。

然《しか》るに六蔵はなかなかの腕白者《わんぱくもの》で、悪戯《いたずら》を為《す》るときは随分人を驚《おどろ》かすことがあるのです。山登りが上手で城山を駈廻《かけまわ》るなどまるで平地を歩くように、道のあるところ無い処《ところ》、サッサと飛ぶのです。ですから従来《これまで》も田口の者が六蔵は何処《どこ》へ行ったかと心配して

15) 八幡神《はちまんじん》を祭神とする神社の総称《そうしょう》。

いると昼飯《ひるめし》を食ったまま出て日の暮方になって城山の崖《がけ》から田口の奥庭《おくにわ》にひょっくり飛び下りて帰って来るのだそうです。木拾いの娘が六蔵の姿を見て逃げ出したのは、必定《きっと》とこれまで幾度となくこの白痴の腕白者に嚇《おど》されたものと私も思い当ったのであります。

けれども又た六蔵は直《じ》き《(すぐ)》に泣きます。母親が兄の手前を兼ねて折り折り痛《ひど》く叱《しか》ることがあり、手の平で打つこともあります、その時は頭をかかえ身を縮めて泣き叫びます。しかし直《す》ぐと笑っている様は打たれたことを全然《すっかり》忘れて終《しま》ったらしく、これを見て私は猶更《なおさら》この白痴の痛《いたま》しいことを感じました。

かかる有様ですから六蔵が歌など知っている筈《はず》も無さそうですが知っています。木拾いの歌うような俗歌を暗《そら》んじで、おりおり低い声でやっています。

或日私は一人で城山に登りました、六蔵を伴《つ》れてと思いましたが姿が見えなかったのです。

冬ながら九州は暖国《だんごく》ゆえ天気さえ佳《よ》ければ極く暖かで、空気は澄んでいるし、山のぼりには却《かえっ》て冬が可《よ》いのです。

落葉《らくよう》を踏《ふ》んで頂《いただき》に達し例の天主台の下までゆくと、寂々《せきせき》として満山《まんざん》(山全体)声なき中に、何者か優しい声で歌うのが聞えます、見ると天主台の石垣《いしがき》の角に六蔵が馬乗《うまのり》に跨《また》がって、両足をふらふら動かしながら、眼を遠く放《はな》って俗歌を歌っているのでした。

空の色、日の光、古い城趾《しろあと》、そして少年、まるで画《え》です。少年は天使です。この時私の眼には六蔵が白痴とはどうしても見えませんでした。白痴と天使、何という哀れな対照でしょう。しかし私はこの時、白痴ながらも少年はやはり自然の児《こ》であるかと、つくづく感じました。

今一ツ六蔵の妙な癖をいいますと、この児童《こども》は鳥が好きで、鳥さえ見れば眼の色を変えて騒《さわ》ぐことです。けれども何を見ても烏《からす》といい、いくら名を教えても憶《おぼ》えません。「もず」を見ても「ひよどり」を見ても烏といいます。可笑《おかし》いのは或時白鷺《しらさぎ》を見て烏といッたことで、鷺《さぎ》を烏にいい黒《くろ》める(いいくるめる)16)という俗諺《ぞくげん》が、この児だけには普通《あたりまえ》なのです。

高い木の頂辺《てっぺん》で百舌《もず》鳥が鳴いているのを見ると六蔵は口をあんぐり開けて熟《じっ》と眺《なが》めています。そして百舌《もず》鳥の飛立ってゆく後を茫然《ぼうぜん》と見送る様は、頗《すこぶ》る妙で、この児童《こども》には空を自由に飛ぶ鳥が

16) 言葉たくみに言ってごまかす。口先でまるめこむ。

余程不思議らしく思われました。

四

さて私もこの憐《あわ》れな児《こ》の為めには随分《ずいぶん》骨を折ってみましたが眼に見えるほどの効能は少しも有《あ》りませんでした。

かれこれするうちに翌年の春になり、六蔵の身の上に不慮《ふりょ》の災難が起りました。三月の末で御座いました、或日朝から六蔵の姿が見えません、昼過《ひるすぎ》になっても帰りません、遂《つい》に日《ひ》暮《ぐれ》になっても帰って来ませんから田口の家では非常に心配し、殊《こと》に母親は居ても起《たっ》てもいられん様子です。

其処《そこ》で私は先ず城山を探《さが》すが可《よか》ろうと、田口の僕《しもべ》を一人連れて、提灯《ちょうちん》[17]の用意をして、心に怪《あやし》い痛《いたま》しい想《おもい》を懐《いだ》きながら、平常《いつも》の慣《な》れた径《こみち》を登って城趾《しろあと》に達《たっ》しました。

俗《ぞく》に虫が知らす《(何となく心に感ずる。予感する。)》というような心持《こころもち》で天主台の下に来て

「六さん！六さん！」と呼びました。そして私と僕と、申し合わ

---

17) 照明具の一。足元を照らすために持ち歩いたり、標識として備えつけたりするもの。初めは木枠や籠《かご》に紙を張ったものであったが、のち、細い竹ひごの骨に紙を張り、中にろうそくを立てて用い、折り畳めるようにした。

したように耳を聳《そばだ》てました。場所が城趾であるだけ、又た索《さが》す人が普通《なみ》の児童《こども》でないだけ、何とも知れない物すごさを感じました。

天主台の上に出て、石垣《いしがき》の端から下をのぞいて行く中《うち》に北の最も高い角の真下《ました》に六蔵の死骸《しがい》が墜《お》ちているのを発見しました。

怪談《かいだん》でも話すようですが実際私は六蔵の帰りの余り遅いと知ってからは、どうもこの高い石垣の上から六蔵の墜落《ついらく》して死《しん》だように感じたのであります。

余り空想だと笑われるかも知れませんが、白状《はくじょう》しますと、六蔵は鳥のように空を翔《か》け廻《まわ》る積《つも》りで石垣の角から身を躍《おど》らしたものと、私には思われるのです。木の枝に来て、六蔵の眼のまえで、枝から枝へと自在に飛《とん》で見せたら、六蔵は必定《きっと》、自分もその枝に飛びつこうとしたに相違《そうい》ありません。

死骸《なきがら》を葬《ほうむ》った翌々日、私は独《ひと》り天主台に登りました。そして六蔵のことを思うと、いろいろと人生不思議の思《おもい》に堪《た》えなかったのです。人類と他の動物との相違。人類と自然との関係。生命と死、などいう問題が年若い私の心に深い深い哀《かなしみ》を起しました。

英国《イギリス》の有名な詩人の詩に「童《わらべ》なりけり」18)というがあります。そ

---

18) ワーズワスの詩 There was a Boy のこと。独歩の好きな詩の一つ。

れは一人の児童《こども》が夕毎《ゆうべごと》に淋《さび》しい湖水《こすい》の畔《ほとり》に立って、両手の指を組み合わして、梟《ふくろう》の啼《な》くまねをすると、湖水の向《むこう》の山の梟がこれに返事をする、これをその童《わらべ》は楽《たのしみ》にしていましたが遂《つい》に死にまして、静かな墓に葬《ほうむ》られ、その霊《たま》は自然の懐《ふところ》に返ったという意《こころ》を詠《えい》じたものであります。

私はこの詩が嗜《す》きで常に読んでいましたが、六蔵の死を見て、その生涯を思《おも》うて、その白痴を思う時は、この詩よりも六蔵のことは更に意味あるように私は感じました。

石垣《いしがき》の上に立って見ていると、春の鳥は自在に飛んでいます。その一《ひとつ》は六蔵ではありますまいか。よし六蔵でないにせよ、六蔵はその鳥とどれだけ異《ちが》っていましたろう。

憐《あわ》れな母親は、その児《こ》の死を却《かえっ》て、児のために幸福《しあわせ》だといいながらも泣いていました。

或日のことでした、私は六蔵の新しい墓にお詣《まい》りする積りで城山の北にある墓地にゆきますと、母親が先に来ていて頻《しき》りと墓の周囲《まわり》をぐるぐる廻りながら、何か独語《ひとりごと》を言っている様子です。私の近《ちかづ》くのを少しも知らないと見えて

「何だってお前は鳥の真似《まね》なんぞ為《し》た、え、何だって石垣から飛

んだの？……だって先生がそう言ったよ、六さんは空を飛ぶ積りで天主台の上から飛んだのだって。いくら白痴《ばか》でも鳥の真似をする人がありますかね。」と言って少し考えて「けれどもね、お前は死んだほうが可《い》いよ。死んだほうが幸福《しあわせ》だよ……」

私に気がつくや、

「ね、先生。六は死んだほうが幸福《しあわせ》で御座《ござ》いますよ。」と言って涙をハラハラとこぼしました。

「そういう事も有りませんが、何しろ不慮《ふりょ》の災難だからあきらめるより致方《いたしかた》がありませんよ。……」

「けれど何故《なぜ》鳥の真似なんぞ為《し》たので御座いましょう。」

「それは私の想像ですよ。六さんが必定《きっと》鳥の真似を為て死んだのだか解《わか》るものじゃありません。」

「だって先生はそう言ったじゃ有りませぬか。」と母親は眼をすえて《(視線を動かさず、じっと見つめて)》私の顔を見つめました。

「六さんは大変鳥が嗜《すき》であったから、そうかも知れないと私が思っただけですよ。」

「ハイ、六は鳥が嗜好《すき》でしたよ。鳥を見ると自分の両手をこう広げて、こうして」と母親は鳥の搏翼《はばたき》の真似をして「こうして其処《そこ》らを飛び歩きましたよ。ハイ、そうして烏《からす》の啼《な》く真似が上手でした」と眼の色を変えて話す様子を見ていて私は思わず眼をふさぎました。

城山の森から一羽《いちわ》の烏が翼《はね》をゆるやかに、二声《ふたこえ》三声《みこえ》鳴きながら飛んで、浜《はま》の方へゆくや、白痴の親は急に話を止《や》めて、茫然《ぼうぜん》と我をも忘れて見送っていました。。

この一羽の烏を六蔵の母親が何《なん》と見たでしょう。

(一九〇四年)

森《もり》 鴎外《おうがい》

森鴎外(1862～1922)小説家・評論家・翻訳家・軍医。津和野《つわの》生まれ。本名、森林太郎《もりりんたろう》。陸軍軍医としてドイツに留学。軍医として昇進する一方、翻訳・評論・創作・文学誌刊行と多方面にわたり、指導的役割を果たして日本文壇に確固たる地位を固めた。翻訳「於母影《おもかげ》」「即興詩人《そっきょうしじん》」「ファウスト」、小説「舞姫《まいひめ》」「青年」「雁《がん》」、歴史小説「阿部一族《あべいちぞく》」「高瀬舟《たかせぶね》」「渋江抽斎《しぶえちゅうさい》」など、数多くの名作を生んだ彼の文学は、東西文化を基盤とした高い知性・教養を支えとして、現実主義的な精神と理想主義的な精神の調和の上に成り立っている。初期の作風は浪漫的啓蒙《けいもう》的で、次第に運命的諦念的《ていねんてき》となり、晩年は知的客観的と変化するが、その文学の基調にある高い諦念《ていねん》は、その格調《かくちょう》高い文体とともに近代日本文学に一つの流れを指し示したと言われる。

高瀬舟

高瀬舟《たかせぶね》[1]は京都の高瀬川《たかせがわ》[2]を上下《じょうげ》する小舟である。徳川時代に京都の罪人《ざいにん》が遠島《えんとう》[3]を申し渡されると、本人の親類が牢屋敷《ろうやしき》へ呼び出されて、そこで暇乞《いとまご》いをすることを許された。それから罪人は高瀬舟に載せられて、大阪へ廻《まわ》されることであった。それを護送《ごそう》するのは、京都町奉行《まちぶぎょう》[4]の配下にいる同心《どうしん》[5]で、此《この》同心は罪人の親類の中《うち》で、主立《おもだ》った一人を大阪まで同船させることを許す慣例であった。これは上《かみ》へ通った事ではないが(官公庁から正式に許可を得たことではないが、)、所謂《いわゆる》大目《おおめ》に見る(寛大に扱う)ので

---

1) 広く各地の河川《かせん》で用いられた。舳《へさき》が高くあがり底が平《たいら》な運送船。川をさかのぼる時、順風《じゅんぷう》でない時は曳綱《ひきづな》で人が曳《ひ》いた。

2) 京都市にある運河。加茂川《かもがわ》を横断《おうだん》、伏見《ふしみ》で宇治川《うじがわ》に合流する。水深が浅く、高瀬舟を用いたところからいう。

3) 江戸時代の刑罰《けいばつ》の一。財産を没収《ぼっしゅう》したうえ、島へ送る刑。追放より重く、死罪より軽い。島長し。

4) 江戸幕府《ばくふ》の職名《しょくめい》。老中《ろうじゅう》に属し、江戸の町方の行政《ぎょうせい》・司法《しほう》・警察など民政全般をつかさどった。京都・大坂・駿府《すんぷ》などにもあったが、単に町奉行といえば江戸のものをさし、他は、地名を冠して称した。

5) 江戸時代の下級《かきゅう》の役人。

あった、黙許《もくきょ》であった。

当時遠島を申し渡された罪人は、勿論《もちろん》重い科《とが》(罪)を犯したものと認められた人ではあるが、決して盗みをするために、人を殺し火を放ったと云うような、獰悪《どうあく》な人物が多数を占めていたわけではない。高瀬舟に乗る罪人の過半は、所謂心得違《こころえちが》いのために、想わぬ科を犯した人であった。有り触れた例を挙げて見れば、当時相対死《あいたいし》(心中)と云った情死を謀《はか》って、相手の女を殺して、自分だけ活《い》き残った男と云うような類《たぐい》である。

そう云う罪人を載せて、入相《いりあい》の鐘[6]の鳴る頃に漕《こ》ぎ出された高瀬舟は、黒ずんだ京都の町の家々を両岸に見つつ、東へ走って、加茂川《かもがわ》[7]を横ぎって下《くだ》るのであった。此舟の中で、罪人と其《その》親類の者とは夜どおし身の上を語り合う。いつもいつも悔《く》やんでも還《かえ》らぬ繰言《くりごと》である。護送の役をする同心は、傍《そば》でそれを聞いて、罪人を出した親戚眷族《しんせきけんぞく》の悲惨な境遇を細かに知ることが出来《でき》た。所詮《しょせん》町奉行の白州《しらす》[8]で、表向《おもてむき》の口供《こうきょう》[9]を聞いたり、役所の机の上

---

6) 午後六時ごろの鐘。

7) 京都市東部を南流する川。

8) 庭に白い砂利《じゃり》が敷かれていたところから、江戸時代、奉行所の裁《さば》きを受ける庶民が控《ひか》えた場所。また転じて、奉行所・法廷。

で、口書《くちがき》[10]を読んだりする役人の夢にも窺《うかが》うことの出来《でき》ぬ境遇である。

同心を勤める人にも、種々《いろいろ》の性質があるから、此《この》時只《ただ》うるさいと思って、耳を掩《おお》いたく思う冷淡な同心があるかと思えば、又《また》しみじみと人の哀《あわれ》を身に引き受けて、役柄《やくがら》[11]ゆえ気色《けしき》には見せぬながら、無言の中《うち》に私《ひそ》かに胸を痛める同心もあった。場合によって非常に悲惨な境遇《きょうぐう》に陥《おちい》った罪人と其《その》親類とを、特に心弱い、涙脆《なみだもろ》い同心が宰領《さいりょう》[12]して行《ゆ》くことになると、其同心は不覚《ふかく》の涙を禁じ得ぬのであった。

そこで高瀬舟の護送は、町奉行所の同心仲間で不快な職務《しょくむ》として嫌《きら》われていた。

――――――――――――――――

いつの頃であったか。多分《たぶん》江戸で白河楽翁侯《しらかわらくおうこう》[13]が政柄《せいへい》を執って《(政治的権力を握って)》

9) 罪人の口から罪状《ざいじょう》を述べること。

10) 口共を筆記したもの。また罪人の白状《はくじょう》を筆記し、罪人が爪印《つまじるし》をおしたもの。

11) 役目のある身分。また、その役目上の体面。

12) 昔、荷物を運送する際、人や馬の管理・監督をすること。また、その役。

13) 松平定信《まつだいらさだのぶ》のこと。江戸後期の幕府老中で、寛政《かんせい》の改革を断行。

いた寛政《かんせい》14)の頃ででもあっただろう。智恩院《ちおんいん》15)の桜が入相《いりあい》の鐘に散る春の夕《ゆうべ》に、これまで類のない、珍しい罪人が高瀬舟に載《の》せられた。

それは名を喜助《きすけ》と云って、三十歳ばかりになる、住所不定《じゅうしょふじょう》の男である。固《もと》より牢屋敷《ろうやしき》に呼び出されるような親類はないので、舟にも只一人で乗った。

護送を命ぜられて、いっしょに舟に乗り込んだ同心羽田庄兵衛《はねだしょうべえ》は、只喜助が弟殺しの罪人だと云うことだけを聞いていた。さて牢屋敷から桟橋《さんばし》まで連れて来る間、この痩肉《やせじし》16)の、色の蒼白《あおじろ》い喜助の様子を見るに、いかにも新秒《しんびょう》17)に、いかにもおとなしく、自分をば公儀《こうぎ》18)の役人として敬《うやま》って、何事につけても逆《さから》わぬようにしている。しかもそれが、罪人の間に往々《おうおう》見受けるような、温順を装《よそお》って権勢《けんせい》に媚《こ》びる態度ではない。

庄兵衛は不思議に思った。そして舟に乗ってからも、単に

---

14) 江戸中期、光格天皇《こうかくてんのう》の時の年号。(1789～1801)
15) 京都市東山区にある浄土宗《じょうどしゅう》の総本山。高瀬川の東岸にある。
16) やせていること。肉付きのよくないこと。また、そのからだ。
17) ①けなげで感心なこと。②態度がおとなしく、素直なこと。しんみょう。
18) 朝廷。また、幕府。お上《かみ》。

役目の表《(職責上)》で見張っているばかりでなく、絶《た》えず喜助の挙動《きょどう》に、細かい注意をしていた。

其《その》日は暮方《くれがた》から風が歇《や》んで、空一面を蔽《おお》った薄い雲が、月の輪郭をかすませ、ようよう近寄って来る夏の温かさが、両岸の土からも、川床《かわどこ》の土からも、靄《もや》になって立ち昇《のぼ》るかと思われる夜であった。下京《しもきょう》[19]の町を離れて、加茂川を横ぎった頃からは、あたりがひっそりとして、只舳《へさき》に割《さ》かれる水のささやきを聞くのみである。

夜舟で寝ることは、罪人にも許されているのに、喜助は横になろうともせず、雲の濃淡に従って、光の増したり減じたりする月を仰《あお》いで、黙っている。其額《ひたい》は晴れやかで目には微《かす》かなかがやきがある。

庄兵衛はまともには見ていぬが、始終《しじゅう》喜助の顔から目を離さずにいる。そして不思議だ、不思議だと、心の内で繰り返している。それは喜助の顔が縦《たて》から見ても、横から見ても、いかにも楽しそうで、若《も》し役人に対する気兼《きがね》がなかったなら、口笛《くちぶえ》を吹きは

---

19) 京都市の三条通り以南の地。三条・四条ないし東洞院を中心とする中下流商人の町。

じめるとか、鼻歌《はなうた》を歌い出すとかしそうに思われたからである。

庄兵衛は心の内に思った。これまで此《この》高瀬舟の宰領をしたことは幾度《いくたび》だか知れない。しかし載せて行《ゆ》く罪人は、いつも殆《ほとん》ど同じように、目も当てられぬ気の毒な様子をしていた。それに此男はどうしたのだろう。遊山船《ゆさんぶね》にでも乗ったような顔をしている。罪は弟を殺したのだそうだが、よしや(たとえ)其《その》弟が悪い奴で、それをどんな行掛《ゆきがか》りになって殺したにせよ、人の情《じょう》として好《い》い心持ちはせぬ筈《はず》である。この色の蒼い痩男《やせおとこ》が、その人の情と云うものが全く欠けている程《ほど》の、世にも稀《まれ》な悪人であろうか。どうもそうは思われない。ひょっと気でも狂っているのではあるまいか。いやいや。それにしては何一つ辻褄《つじつま》[20]の合《あ》わぬ言葉や挙動がない。此男はどうしたのだろう。庄兵衛がためには喜助の態度が考えれば考える程わからなくなるのである。

―――――――――――――――――

暫《しばら》くして、庄兵衛はこらえ切れなくなって呼び掛《か》けた。「喜助。お前何を思っているのか。」

「はい」と云《い》ってあたりを見廻《みまわ》した喜助は、何事をかお役人に見《み》

20) 理屈《りくつ》。条里。筋道。

咎《とが》められたのではないかと気遣《きづか》うらしく、居ずまいを直して庄兵衛の気色を伺《うかが》った。

庄兵衛は自分が突然問《と》いを発《はっ》した動機を明かして、役目を離れた応対を求める分疏《いいわけ》をしなくてはならぬように感じた。そこでこう云った。「いや。別にわけがあって聞いたのではない。実はな、己《おれ》は先刻《さっき》からお前の島へ往《ゆ》く心持《こころもち》が聞いて見たかったのだ。己はこれまで此《この》舟で大勢《おおぜい》の人を島へ送った。それは随分《ずいぶん》いろいろな身の上の人だったが、どれもどれも島へ往《ゆ》くのを悲しがって、見送りに来て、いっしょに舟に乗る親類のものと、夜どおし泣くに極《き》まっていた。それにお前の様子を見れば、どうも島へ往くのを苦にしてはいないようだ。一体お前はどう思っているのだい。」

喜助はにっこり笑った。「御親切に仰《おっしゃ》って下《くだ》すって、難有《ありがと》うございます。なる程島へ往くということは、外の人には悲しい事でございましょう。その心持はわたくしにも思い遣《や》ってみることが出来ます。しかしそれは世間で楽《らく》をしていた人だからでございます。京都は結構な土地ではございますが、その結構な土地で、これまでわたくしのいたして参《まい》ったような苦しみは、どこへ参ってもなかろうと存じます。お上《かみ》のお慈悲《じひ》で、命を助けて島へ遣って下さいます。島はよしやつらい所でも、鬼の栖《す》む所ではございますまい。わたくしはこれまで、どこと云って自分のいて好い所と云うものがございませんでした。こん度お上《かみ》で島にいろと仰って下さいます。そのいろと仰《おっしゃ》る所に落ち着いていることが出来《でき》ますのが、先《ま》ず何よりも難有《ありがた》い事でございます。それにわたくしはこんなにかよわい《(いかにも弱々しい)》体ではございますが、ついぞ病気をいたしたことはございませんから、島へ往ってから、どんなつらい為事《しごと》をしたって、体を痛めるようなことはあるまいと存じます。それからこん度島へお遣下《やりくだ》さるに付きまして、二百文《もん》の鳥目《ちょうもく》[21]を戴《いただ》きました。それをここに持っております。」こう云い掛《か》けて、喜助は胸に手を当てた。遠島を仰《おお》せ附《つ》けられるものには、鳥目二百銅を遣《つか》わすと云うのは、当時の掟《おきて》《(きまり、法律)》であった。

喜助は語《ことば》を続《つ》いだ。「お恥《はず》かしい事を申し上げなくてはなりませぬが、わたくしは今日《こんにち》まで二百文というお足《あし》《(お金)》を、こうして懐《ふところ》に入れて持っていたことはございませぬ。どこかで為事《しごと》に取り附きたいと思って、為事を尋《たず》ねて歩きまして、それが見附《みつ》かり次第《しだい》、骨を惜《おし》まずに働きました。そして貰《もら》った銭《ぜに》は、いつも右から左へ人手《ひとで》

21）銭《ぜに》の異称。また一般に金銭《きんせん》の異称。その形が鳥の目に似ているところからいう。

に渡さなくてはなりませなんだ。それも現金で物が買って食べられる時は、わたくしの工面《くめん》[22]の好い時で、大抵《たいてい》は借りたものを返して、又跡《またあと》を借りたのでございます。それがお牢《ろう》に這《は》入《い》ってからは、為事《しごと》をせずに食べさせて戴《いただ》きます。わたくしはそればかりでも、お上に対して済まない事をいたしているようでなりませぬ。それにお牢を出る時に、此《この》二百文を戴《いただ》きましたのでございます。こうして相変《あいかわ》らずお上の物を食べていて見ますれば、此《この》二百文はわたくしが使わずに持っていることが出来《でき》ます。お足《あし》を自分の物にして持っていると云《い》うことは、わたくしに取《と》っては、これが始《はじめ》でございます。島へ往《い》ってみますまでは、どんな為事が出来るかわかりませんが、わたくしは此二百文を島でする為事の本手《もとで》(資金、資本)にしようと楽しんでおります。」こう云って、喜助は口を噤《つぐ》んだ。

庄兵衛は「うん、そうかい」とは云ったが、聞く事毎《ことごと》に余《あま》り意表に出た(意表を突いた)ので、これもし暫《しばら》く何も云うことが出来ずに、考え込んで黙っていた。

庄兵衛はかれこれ(そろそろ)初老[23]に手の届く年になっていて、もう女房《にょうぼう》

---

22) 金回り。ふところぐあい。

23) 四〇歳。

に子供を四人生ませている。それに老母《ろうぼ》が生きているので、家は七人暮《くら》しである。平生《へいぜい》人には吝嗇《りんしょく》と云われる程の、倹約な生活をしていて、衣類は自分が役目のために著《き》るものの外、寝巻《ねまき》しか拵《こしら》えぬ位《くらい》にしている。しかし不幸な事には、妻を好い身代《しんだい》[24]の商人の家から迎えた。そこで女房は夫の貰う扶持米《ふちまい》[25]で暮《くら》しを立てて行《ゆ》こうと善意はあるが、裕《ゆたか》な家に可哀《かわい》がられて育った癖《くせ》があるので、夫が満足する程手元を引き締《し》めて暮《くら》して行《ゆ》くことが出来ない。動《やや》もすれば月末になって勘定《かんじょう》が足りなくなる。すると女房が内証《ないしょう》で里《さと》から金を持って来て帳尻《ちょうじり》を合わせる。(支出決算を合わせる。)それは夫が借財《しゃくざい》と云《(借金)》うものを毛虫《けむし》のように嫌うからである。そう云う事は所詮《しょせん》夫に知れずにはいない。庄兵衛は五節句《ごせっく》[26]だと云っては、里方《さとかた》から物を貰い、子供の七五三[27]の祝《いわい》だと云っては、里方から子供に衣類を貰うのでさえ、心苦しく思っているのだから、暮しの穴を塡《う》めて貰ったのに気が附いては、好い顔はしない。格別平和を破《やぶ》る

---

24) ①一身に属する財産。資産。②身分。地位。

25) 扶持として給与される米。俸米《ほうまい》。

26) 人日《じんじつ》(正月七日)上巳《じょうし》(三月三日)端午《たんご》(五月五日)七夕《たなばた》(七月七日)重陽《ちょうよう》(九月九日)をいう。

27) 男女三歳および男五歳、女七歳の祝《いわ》い。

ような事のない羽田の家に、折々波風《おりおりなみかぜ》(もめごと)の起こるのは、是《これ》が原因である。

庄兵衛は今喜助の話を聞いて、喜助の身の上をわが身の上に引き比べて見た。喜助は為事をして給料を取っても、右から左へ人手に渡して亡《な》くしてしまうと云った。いかにも哀《あわれ》な、気の毒な境界《きょうがい》(境遇)である。しかし一転してわが身の上を顧《かえり》みれば、彼と我れとの間に、果《は》たしてどれ程の差があるか。自分も上《かみ》からもらう扶《ふ》持《ち》米《まい》を、右から左へ人手に渡して暮しているに過ぎぬではないか。彼と我れとの相違は、謂《い》わば十《そ》露《ろ》盤《ばん》の桁《けた》が違っているだけで、喜助の難有《ありがた》がる二百文に相当する貯蓄だに、こっちはないのである。

さて桁を違《ちが》えて考えて見れば、鳥目二百文をでも、喜助がそれを貯蓄と見て喜んでいるのに無理はない。其心持はこっちから察《さっ》して遣《や》ることが出来る。しかしいかに桁を違えて考えて見ても、不思議なのは喜助の欲のないこと、足ることを知っていることである。

喜助は世間で為事を見附けるのに苦《くるし》んだ。それを見附けさえすれば、骨を惜まずに働いて、ようよう口を糊《のり》することの出来るだけで満足した。そこで牢に入ってからは、今まで得難《えがた》かった食が、殆《ほとん》ど天から授《さず》けられるように、働かずに得られるのに驚いて、生まれてから知らぬ満足を覚《おぼ》えたのである。

庄兵衛はいかに桁を違えて考えて見ても、ここに彼と我れとの間に、大いなる懸隔《けんかく》のあることを知った。自分の扶持米で立てて行《ゆ》く暮しは、折々足らぬことがあるにしても、大抵出納《たいていすいとう》が合っている。手一ぱいの生活である。然《しか》るにそこに満足を覚えたことは殆ど無い。常《つね》は幸《さいわ》いとも不幸とも感ぜずに過《すご》している。しかし心の奥には、こうして暮していて、ふいとお役が御免《ごめん》になったら(免職になったら)どうしよう、大病にでもなったらどうしようと云う疑懼《ぎく》が潜《ひそ》んでいて、折々妻が里方から金を取り出して来て穴填《あなうめ》をしたことなどがわかると、此疑懼が意識の閾《しきい》の上に頭を擡《もた》げて来る(はっきりと意識にのぼってくる。)のである。

一体此懸隔《このけんかく》はどうして生じて来るだろう。只上辺《うわべ》だけを見て、それは喜助には身に係累《けいるい》(妻子親族など)がないのに、こっちにはあるからだと云ってしまえばそれまでである。しかしそれは嘘《うそ》である。よしや自分が一人者《ひとりもの》であったとしても、どうも喜助のような心持にはなられそうにない。この根底はもっと深い処《ところ》にあるようだと、庄兵衛は思った。

庄兵衛は只漠然《ばくぜん》と、人の一生《しょう》というような事を思って見た。人は身に病《やまい》があると、此《この》病がなかったらと思う。其日《そのひ》其日の食がないと、食《く》って行《ゆ》かれたらと思う。万一の時に備える蓄《たくわえ》がないと、少しでも蓄があったらと思う。蓄があっても、又其蓄《またそのたくわえ》がもっと多かったらと思う。此《かく》の如《ごと》くに先から先へと考えて見れば、人はどこまで往《い》って踏み止まることが出来るものやら分《わ》からない。それを今目の前で踏み止まって見せてくれるのが此喜助だと、庄兵衛は気が附《つ》いた。

庄兵衛は今さらのように驚異の目をみはって喜助を見た。此時庄兵衛は空を仰いでいる喜助の頭から毫光《ごうこう》28)がさすように思った。

庄兵衛は喜助の顔をまもりつつ(みつめながら)又、「喜助さん」と呼び掛けた。今度は「さん」と云ったが、これは十分の意識を以《もっ》て称呼《しょうこ》を改《あらた》めたわけではない。其《その》声が我口《わがくち》から出て我耳《わがみみ》に入るや否《いな》や、庄兵衛は此《この》称呼の不穏当なのに気が附いたが、今さら既《すで》に出た詞《ことば》を取り返すことも出来なかった。

「はい」と答えた喜助も、「さん」と呼ばれたのを不審に思うらし

---

28) 仏《ほとけ》の眉間《みけん》の白毫《びゃくごう》から四方に出る細い光。

く、おそるおそる庄兵衛の気色を覗《うかが》った。

庄兵衛は少し間の悪いのをこらえて云った。「色々《いろいろ》の事を聞くようだが、お前が今度島へ遣《や》られるのは、人をあやめた《(人を殺した)》からだと云う事だ。己《おれ》に序《ついで》にそのわけを話して聞せてくれぬか。」

喜助はひどく恐れ入った様子で、「かしこまりましと」云って、小声《こごえ》で話し出した。「どうも飛んだ心得違《こころえちがい》《(間違った考え)》で、恐ろしい事をいたしまして、なんとも申し上げようがございませぬ。跡《あと》で思って見ますと、どうしてあんな事が出来たかと、自分ながら不思議でなりませぬ。全く夢中でいたしましたのでございます。わたくしは小さい時に二親《ふたおや》が時疫《じえき》《(流行病)》で亡くなりまして、弟と二人跡《あと》に残りました。初《はじめ》は丁度軒下《のきした》に生まれた狗《いぬ》の子にふびんを掛《か》けるように町内《ちょうない》の人達がお恵下《めぐみくだ》さいますので、近所中《じゅう》の走使《はしりづかい》などをいたして、飢《う》え凍《こご》えもせずに、育ちました。次第に大きくなりまして職を捜しますにも、なるたけ二人が離れないようにいたして、一しょにいて、助け合って働きました。去年の秋の事でございます。わたくしは弟と一しょに、西陣《にしじん》[29]の織場《おりば》に這入《はい》りまして、空引《そらびき》[30]と云うことをい

---

29) 上京の堀川より西、一条より北。応仁《おうにん》の乱のとき、西軍の山名《やまな》宗全《そうぜん》が陣を置いたのによりいう。高級絹織物の産地として有名。

たすことになりました。そのうち弟が病気で働けなくなったのでございます。其頃わたくし共《ども》は北山《きたやま》31)の掘立《ほったて》小屋《ごや》同様の所に寝起《ねおき》をいたして、紙屋川《かみやがわ》32)の橋を渡って織場へ通っておりましたが、わたくしが暮《く》れてから、食物《たべもの》などを買って帰ると、弟は待ち受けていて、わたくしを一人で稼《かせ》がせては済まない済まないと申しておりました。或《あ》る日いつものように何心なく帰って見ますと、弟は布団《ふとん》の上に突《つ》っ伏《ぶ》していまして、周囲《まわり》は血だらけなのでございます。わたくしはびっくりいたして、手に持っていた竹の皮包《かわづつみ》や何かを、そこへおっぽり出して、傍《そば》へ往《い》って『どうしたどうした』と申しました。すると弟は真蒼《まっさお》な顔の、両方の頬《ほお》からあごへ掛けて血に染まったのを挙《あ》げて、わたくしを見ましたが、物を言うことが出来ませんぬ。息をいたす度《たび》に、創口《きずぐち》でひゅうひゅうと云う音がいたすだけでございます。わたくしにはどうも様子がわかりませんので、『どうしたのだい、血を吐いたのかい』と云って、傍《そば》へ寄《よ》ろうといたすと、弟は右の手を床に衝《つ》いて、少し体を起こしました。左の手

30）機《はた》の上部に天神という二本の櫓《ろ》のようなものがあり、この機を使用して織《お》ることを空引《そらびき》という。

31）京都の北方。

32）京都市西部を流れる川。

はしっかりあごの下の所を押えていますが、其指《ゆび》の間から黒血《くろち》の固まりがはみ出しています。弟は目でわたくしの傍へ寄るのを留めるようにして口を利《き》きました。ようよう物が言えるようになったのでございます。『すまない。どうぞ堪忍《かんにん》(勘弁)してくれ。どうせなおりそうにもない病気だから、早く死んで少しでも兄《あに》きに楽《らく》がさせたいと思ったのだ。笛《ふえ》(のどぶえ)を切ったら、すぐ死ねるだろうと思ったが息がそこから漏《も》れるだけで死ねない。深く深くと思って、力一ぱい押し込むと、横へすべってしまった。刃《は》はこぼれはしなかったようだ。これを旨《うま》く抜いてくれたら己《おれ》は死ねるだろうと思っている。物を言うのがせつなくって可《い》けない。どうぞ手を借して抜いてくれ』と云うのでございます。弟が左の手を弛《ゆう》めるとそこから又《また》息が漏《も》ります。わたくしはなんと云おうにも、声が出ませんので、黙って弟の喉《のど》の創《きず》を覗《のぞ》いて見ますと、なんでも右の手に剃刀《かみそり》を持って、横に笛《ふえ》を切ったが、それでは死に切れなかったので、其侭《そのまま》剃刀を、えぐるように深く突っ込んだものと見えます。柄《え》がやっと二寸ばかり創口《きずぐち》から出ています。わたくしはそれだけの事を見て、どうしようと云う思案《しあん》も附かずに、弟の顔を見ました。弟はじっとわたくしを見詰《つ》めています。わたくしはやっとの事で、『待っていてくれ、お医者を呼んで来るから』と申しました。弟は怨《うら》めしそうな目附《めつき》をいたしましたが、又左の手で喉をしっかり押えて、『医者がなんになる、あゝ苦しい、早く抜いてくれ、頼む』と云うのでございます。わたくしは途方《とほう》に暮れたような心持になって、只弟の顔ばかり見ております。こんな時は、不思議なもので、目が物を言います。弟の目は『早くしろ、早くしろ』と云って、さも怨めしそうにわたくしを見ています。わたくしの頭の中では、なんだかこう車《くるま》の輪《わ》のような物がぐるぐる廻《まわ》っているようでございましたが、弟の目は恐ろしい催促を罷《や》めません。それに其目の怨めしそうなのが段々《だんだん》険《けわ》しくなって来て、とうとう敵《かたき》の顔をでも睨《にら》むような、憎々《にくにく》しい目になってしまいます。それを見ていて、わたくしはとうとう、これは弟の言った通《とおり》にして遣《や》らなくてはならないと思いました。わたくしは『しかたがない、抜いて遣るぞ』と申しました。すると弟の目の色がからりと変って、晴《はれ》やかに、さも嬉しそうになりました。わたくしはなんでも一《ひ》と思《おもい》にしなくてはと思って膝《ひざ》を撞《つ》くようにして体を前へ乗り出しました。弟は衝《つ》いていた右の手を放して、今まで喉を押えていた手の肘《ひじ》を床に衝いて、横になりました。わたくしは剃刀の柄をしっかり握って、ずっと引きました。此時わたくしの内から締めて置いた表口《おもてぐち》の戸をあけて、近所の婆《ば》あさんが這入《はい》って来ました。留守の間《ま》、弟に薬を飲ませたり何かしてくれるように、わたくしの頼んで置いた婆あさんなのでございます。もう大《だい》ぶ内のなかが暗くなっていましたから、わたくしに婆あさんがどれだけの事を見たのだかわかりませんでしたが、婆あさんはあっと云ったきり、表口をあけ放《はな》しにして置いて駆《か》け出してしまいました。わたくしは剃刀《かみそり》を抜く時、手早《てばや》く抜こう、真直《まっすぐ》に抜こうと云うだけの用心《ようじん》はいたしましたが、どうも抜いた時の手応《てごたえ》は、今まで切れていなかった所を切ったように思われました。刃が外の方へ向いていましたから、外の方が切れたのでございましょう。わたくしは剃刀を握った儘《まま》、婆あさんの這入《はい》って来て又駆け出して行ったのを、ぼんやりして見ておりました。婆あさんが行ってしまってから、気が附いて弟を見ますと、弟はもう息が切れておりました。創口《きずぐち》からは大《たい》そうな血が出ておりました。それから年寄衆《としよりしゅう(町役)》がお出《いで》でなって、役場へ連れて行《ゆ》かれますまで、わたくしは剃刀を傍に置いて、目を半分あいた儘《まま》死んでいる弟の顔を見詰めてたのでございます。」

少し俯向《うつむ》きかげんになって庄兵衛の顔を下から見上げて話して

いた喜助《きすけ》は、こう云ってしまって視線を膝の上に落とした。

喜助の話はよく条理《じょうり》が立っている。殆《ほとん》ど条理が立ち過ぎていると云っても好《い》い位《くらい》である。これは半年程の間、当時の事を幾度《いくたび》も思い浮かべて見たのと、役場で問《と》われ、町奉行所《まちぶぎょうしょ》で調べられる其度毎《そのたびごと》に、注意に注意を加えて浚《さら》って見させれた《(復習させられた)》のとのためである。

庄兵衛は其《その》場の様子を目《ま》のあたり見るような思いをして聞いていたが、これが果《はた》して弟殺しと云うものだろうか、人殺《ひとごろ》しと云うものだろうかと云う疑《うたがい》が、話を半分聞いた時から起こって来て、聞いてしまっても、其疑《そのうたがい》を解くことが出来なかった。弟は剃刀《かみそり》を抜いてくれたら死なれるだろうから、抜いてくれと云った。それを抜いて遣《や》って死なせたのだ、殺したのだとは云われる。しかし其侭《そのまま》にして置いても、どうせ死ななくてはならぬ弟であったらしい。それが早く死にたいと云ったのは、苦しさに耐《た》えなかったからである。喜助は其苦《そのく》を見ているに忍《しの》びなかった。苦《く》から救って遣ろうと思って命を絶《た》った。それが罪であろうか。殺したのは罪に相違ない。しかしそれが苦から救うためであったと思うと、そこに疑《うたがい》が生《しょう》じて、どうしても解けぬのである。

　庄兵衛の心の中には、いろいろに考えて見た末《すえ》に、自分よりも上《うえ》のものの判断に任す外ないと云う念《ねん》、オオトリテエ[33]に従う外ないという念が生じた。庄兵衛はお奉行《ぶぎょう》様の判断を、其侭《そのまま》自分の判断にしようと思ったのである。そうは思っても、庄兵衛はまだどこやらに腑《ふ》に落ちぬ(納得がいかない)ものが残っているので、なんだかお奉行様に聞いて見たくてならなかった。

　次第に更《ふ》けて行《ゆ》く朧夜《おぼろよ》に、沈黙の人二人を載せた高瀬舟は、黒い水の面《おもて》をすべって行った。

(一九一六年)

---

33) Autorite(仏)。権威。

名作註解 1 근대일본단편소설

초판인쇄 2008년 2월 20일 초판발행 2008년 2월 27일

편저자 김미경
발행처 제이앤씨
등록번호 제7-270

주소 서울시 도봉구 창동 624-1 현대홈시티 102-1206
전화 (02) 992 / 3253
팩스 (02) 991 / 1285
URL http://www.jncbook.co.kr / 제이앤씨북
E-mail jncbook@hanmail.net

ISBN 978-89-5668-598-4 93830 정가 10,000원